〔三訂版〕
基礎簿記会計

加藤惠吉・許 霽・櫻田 譲・園 弘子・髙木 秀典・政田 孝・矢野沙織 共著

五 絃 舎

はしがき

　本書はこれから初めて簿記を学ぼうとする方を対象とした簿記会計の入門書です。簿記は企業をはじめ多くの経済主体の経済活動の状況を日々記帳していく記録・計算そして報告の技能です。簿記は会計の一領域ですが，そのすべてではありません。しかしながら会計のすべての領域は簿記に基づく記録から始まります。そういう意味で簿記は，会計実践の基礎であるとともに，会計の学びにおける第一歩と位置づけられます。

　上記を踏まえ，執筆者一同は，本書において二つの目標を達成しようとしています。一つは読者が本書によって基礎的簿記知識と技能を習得できることを目指しました。そのため本書の序では簿記に纏わる会計的基礎知識に触れ，1章以下からは簿記の具体的処理方法を設例とともに解説しています。その上で二つ目の目標として，読者を簿記から更に実践的会計応用へと導くことを目指しました。これは本書の特徴でもあり，その目的のために最終章には税務会計の基礎を収めました。税務実践は社会で活動する者が等しく関わる領域です。個人事業主の他，給与をはじめ何らかの収入を得ている者は，所得および納税額の計算を行う必要があります。

　執筆者一同，本書で簿記を学習する読者が，本書での簿記習得および税務会計に触れることで，原価計算や財務分析などの会計実践や応用，そしてその背景にある会計学の論理構造に興味を抱いてくれることを強く期待します。最後に，出版にあたっては五絃舎社長 長谷雅春氏に大変ご尽力頂きました。厚くお礼申し上げます。

2011年3月

園　　弘子

三訂版発行に当たって

　今回，三訂版の発行に当たり新たに2名の執筆者を迎え，予てより要望のあった「法人税の計算」を新設した。また本稿の原稿整理のために北海道大学大学院 松谷崇人さんに協力していただいた。謝してここに記す。

2015年3月20日

櫻田　　譲

目　　次

はしがき

第1章　簿記とは ……………………………………………………… 1

第2章　企業会計の基礎 ………………………………………………… 8
第1節　簿記の基本原理 ………………………………………………… 8
第2節　決算手続き ……………………………………………………… 13
練習問題 ………………………………………………………………… 19

第3章　現金預金 ………………………………………………………… 20
第1節　現　　金 ………………………………………………………… 20
第2節　預　　金 ………………………………………………………… 24
第3節　小口現金 ………………………………………………………… 28
第4節　銀行勘定調整表 ………………………………………………… 32
練習問題 ………………………………………………………………… 35

第4章　商品売買 ………………………………………………………… 37
第1節　分記法と3分法 ………………………………………………… 37
練習問題 ………………………………………………………………… 44

第5章　売掛金・買掛金 ………………………………………………… 45
第1節　売掛金勘定と買掛金勘定 ……………………………………… 45
第2節　人名勘定 ………………………………………………………… 45
第3節　得意先勘定と仕入先勘定 ……………………………………… 46
第4節　返品・値引・割戻 ……………………………………………… 48
第5節　割　　引 ………………………………………………………… 49
第6節　貸倒れと貸倒損失，見積りと貸倒引当金 …………………… 50
第7節　償却債権取立益勘定 …………………………………………… 52
練習問題 ………………………………………………………………… 53

第6章　手形取引 ………………………………………………………… 54
第1節　手形の意味と種類 ……………………………………………… 54
第2節　約束手形 ………………………………………………………… 54

第3節	為替手形	55
第4節	自己宛為替手形と自己受為替手形	57
第5節	手形の裏書譲渡	58
第6節	手形の割引	58
第7節	手形貸付金と手形借入金	60
第8節	荷為替手形	60
第9節	受取手形記入帳と支払手形記入帳	61
練習問題		64

第7章　その他の債権債務 ─────────── 66

第1節	貸付金と借入金	66
第2節	前払金（前渡金）と前受金	66
第3節	未収金と未払金	67
第4節	立替金と預り金	68
第5節	仮払金と仮受金	69
第6節	商品券	70
第7節	未決算項目（火災や盗難など）	71
練習問題		72

第8章　有価証券 ─────────────── 73

第1節	有価証券の定義と分類	73
第2節	有価証券売買の簿記処理	74
第3節	保有有価証券の決算時簿記処理	78
第4節	有価証券に関するその他の簿記処理	80
練習問題		84

第9章　固定資産 ─────────────── 85

第1節	有形固定資産と減価償却	85
第2節	減価償却費の計上と償却済み資産の売却	87
第3節	無形固定資産の簿記処理	91
第4節	投資その他の資産	92
練習問題		94

第10章　資本金と純資産 ─────────── 96

第1節	資本金	96
第2節	資本金と剰余金	98

  補　節　資本金の増加・減少に関する計算問題……………………………………………99
  練習問題 …………………………………………………………………………………101

第11章　決　　算 ——————————————————— 102
  第1節　決算とは ………………………………………………………………………102
  第2節　決算予備手続き ………………………………………………………………102
  第3節　決算本手続き …………………………………………………………………110
  第4節　仕訳帳および総勘定元帳の締切り …………………………………………112
  第5節　繰越資産表作成 ………………………………………………………………113
  第6節　損益計算書および貸借対照表の作成 ………………………………………113
  補　節　大陸式決算と英米式決算 ……………………………………………………114
  練習問題 …………………………………………………………………………………115

第12章　本支店会計 ——————————————————— 117
  第1節　支店会計の独立 ………………………………………………………………117
  第2節　本店勘定と支店勘定 …………………………………………………………117
  第3節　本支店間取引 …………………………………………………………………118
  第4節　支店相互間の取引 ……………………………………………………………120
  第5節　未達取引の処理 ………………………………………………………………121
  第6節　内部利益の控除 ………………………………………………………………122
  第7節　本支店合併財務諸表の作成 …………………………………………………123
  練習問題 …………………………………………………………………………………127

第13章　帳簿組織と伝票式会計 ——————————————— 129
  第1節　帳簿組織 ………………………………………………………………………129
  第2節　伝票式会計 ……………………………………………………………………136
  練習問題 …………………………………………………………………………………142

第14章　法人税の計算 —————————————————— 144
  第1節　法人税の概要 …………………………………………………………………144
  第2節　損金益金 ………………………………………………………………………146
  第3節　別表四における計算 …………………………………………………………149
  第4節　別表一における計算 …………………………………………………………150
  第5節　消費税の処理 …………………………………………………………………152
  練習問題 …………………………………………………………………………………155

第15章　所得税の計算 ───────────────────── 158
　第1節　所得税の概要 ……………………………………………………158
　第2節　所得の計算 ………………………………………………………162
　第3節　主な所得控除 ……………………………………………………169
　練習問題 ……………………………………………………………………171

索　　引……………………………………………………………………177

第1章 簿記とは

1．簿記技術 —— 500年の歴史を受け継いで

　簿記（Book-keeping）とは企業の経済活動を一定のルールに基づいて記録・計算・報告する技術です。18世紀のドイツの文豪で法律家，政治家でもあったJ.W.ゲーテは自伝的小説『ウィルヘルム・マイスターの修行時代』（1795年）の中で，簿記に関連した次のような一節を残しています。親友いわく，「またあの複式簿記，あれがどんなに商人に利益を与えてくれたことか。あれこそ人間の精神が発明した最も立派な発明の一つだよ。」この文章はゲーテの時代，既に簿記が一般的なものであったことを推察させる一文であるとともに，またその登場人物に簿記を賛美させてもいます。さて上記の親友の発言に対しウィルヘルムは「……君は形式から始めるんだね。それが内容ででもあるかのように…。」と語りかけます。この発言は何を意味するのでしょう。ゲーテ自身の意図は別として，簿記という学問領域の特徴を比喩しているように思われます。

　現実の経済現象を如何に適時・適切に数値化して写像することができるのか，これが会計という領域に課された課題です。それは地図がこれを見る者に実際の地形や方角を理解させ適切な行動をとるのに役立つ資料であるのと同じように，会計は，その利用者に当該企業の状況やその経済活動がどのようなものであるのかについて，適切な理解を提供する資料でなければならないのです。簿記は一定のルールに基づくという意味で形式かもしれません。しかしその簿記技術（記録の技能のみならず読解の技能知識も含みます）の習得は，リアルな世界でおこった企業の状況を把握し，様々な意思決定に役立ちます。つまり簿記という形式習得は，企業に関するあらゆる内容理解のエントランスです。

　簿記を単に財産の備忘的記録とみれば，この技術が人間社会に持ち込まれたのはローマ時代以前からともいわれています。しかしこれから皆さんに紹介する簿記技術について言えば，その書式などにローマ時代のそれらの影響を見出すことができるものの，現在の簿記の基礎となるものは，その後のさらなる南欧の文化と経済活動隆盛の中，商人達が自然発生的に実務の中で自己の経済活動・財産の記録の必要性から，その技法を工夫し発展させてきたものが現在に至っているといわれています。ヴェニスの数学者で僧侶でもあるルカ・パチョリは若い頃に商家の家庭教師を勤め，その時に触れた簿記技術を，数学の書である『ズンマ』（1494年）の一部において紹介しています。当時こうした学術書の多くが一般の人には利用されないラテン語で書かれたのに対し『ズンマ』がイタリア語で記されたことと，また時期を同じくして発明された活版印刷技術とによって，この書はその後の簿記の伝播と浸透に大きく貢献しました。

　日本でもいわゆる大福帳の利用にみられるような記帳技法が商人達に実践されていましたが，上記の簿記と起源を同じくする現在のような簿記が取り入れられるようになったのは明治以降です。福沢諭吉は当時のアメリカの商業学校の簿記テキストを『帳合之法』（1873年）として翻訳出版し

ています。その後，民間の簿記講習所や商業講習所も開設されました。また政府は銀行学局を設立し英国人教師アラン・シャンドを招聘し官吏10名の指導にあたらせました。更にその10名の受講者が銀行学伝習所および銀行事務講習所等の教員を務め，地方銀行がそこへ行員を研修に出すという形で，銀行業界にも簿記（銀行簿記）は普及しました。更に明治政府は簿記技能の民間浸透が興国につながると確信しており，簿記は当時の高等小学校の授業科目となり，これは昭和初期まで続きました。このことは前述したゲーテがワイマール公国の大臣であった時代に，やはり簿記を国の義務教育科目としたのと同様で，近代資本主義の確立期において，国家が簿記技能浸透を自国の経済発展を支える国民の基礎能力として重視していたことが窺われます。

ところで簿記に基づいた記帳を行っているからといって最適な意思決定が行え，事業が破たんしないというものではありません。経営判断やその他の意思決定には，更に別領域の知識や技能また経験も必要でしょう。しかし簿記がその基本体系を整えて既に500年以上が経過した今でも，尚その知識習得への社会的支持は薄れません。それは現代社会においても，あらゆる経済主体とその利害関係者にとって，簿記に基づく記録がその客観性と公正妥当性の合意を得た重要な意思決定資料だからです。

2．財務諸表と二つの計算構造
財務諸表と会計期間

事業体が関わる経済事象つまり取引は，継続的に記録され更に簿記一巡の手続きによって整理・集計され，いく種かの書類にまとめられ報告されます。これらの書類を財務諸表（Financial Statement：F/S）と呼びます。財務諸表とは貸借対照表（Balance Sheet：B/S）や損益計算書（Profit and Loss Statement：P/LまたはIncome Statement：I/S），キャッシュフロー計算書（Cash flow Statement）などの総称です。財務諸表という書式が存在するわけではなく，財務諸表とは上述の会計書類の総称です。この中でキャッシュフロー計算書は1999年から制度上その開示が要求されるようになりましたが，本書では簿記一巡の手続きにおいてとくに入門的でまた重要な財務諸表でもある貸借対照表および損益計算書を中心にみていきます。

下記の雛形では，貸借対照表も損益計算書もひとつの面を左右二面に分割した書式をとっています。この書式は勘定式と呼ばれる形式で，これらの表において左は借方（カリカタ），右は貸方（カシカタ）と呼ばれています。簿記ではこれらの財務諸表に限らず左右のある全ての帳票類において，左を借方，右を貸方と呼びます。簿記入門時にはなかなか覚えにくく，また誤解や錯覚に陥りやすい名称かもしれません。言葉の由来はローマの荘園時代，それは貴族が自ら商売をしたり金銭管理をしたりすることが卑しいとされた時代です。そのため領主に代わりその従者がかかる管理をしたわけですが，従者はその際，領主の財産を一旦借り受け，これを運用しているという解釈にたってその管理をしていたといわれています。そのため領主の財産リストを記した左側を（従者にとって領主からの）借受側，つまり借方としたという説もあります。しかし借方（かりかた）の「り」の字，貸方（かしかた）の「し」の文字のはねの方向でこれをまず覚えてしまうということも，先達の多くの初学者がしてきたことでもあります。

貸借対照表と損益計算書

貸借対照表
（高知商店）　平成×1年12月31日

（資産の部）		（負債の部）	
現　　金	350,000	借入金	1,500,000
当座預金	400,000	（純資産（資本）の部）	
備　　品	250,000	資本金	3,000,000
建　　物	1,500,000	当期純利益	500,000
土　　地	2,500,000		
	5,000,000		5,000,000

損益計算書
（高知商店）　平成×1年1月1日から12月31日まで

（費用の部）		（収益の部）	
給　　料	1,200,000	売　　上	1,200,000
光熱費	200,000	受取手数料	900,000
広告料	100,000		
支払利息	100,000		
当期純利益	500,000		
	2,100,000		2,100,000

　貸借対照表と損益計算書の表上部には当該事業体名と日付を付します。この日付の付け方が，貸借対照表と損益計算書とでは異なっています。貸借対照表には時点を示す日付が，損益計算書には期間を示す日付が記載されます。事業体では常にその活動を通じて経済価値の流出入が不断なく繰り返されます。たとえば売上代金（現金や預金口座への振り込み）の受け入れや事業活動のために調達した事務用品などのいわゆる備品といった経済価値の流入や，商品仕入れの支払などによる現金等の支出といった経済価値の流出です。簿記会計では，こうした経済価値の流出入（増減）を取引として認識し，継続的に記録していきます。財務諸表作成にあたっては，この活動を人為的に期間を区切り，その一定期間を対象とした報告をします。この会計報告の対象となる一区切りを会計期間と言い，その始まりを期首，終わりを期末と言います。また期末における財務諸表作成手続きを決算と呼びます。そのため期末（日）のことを決算日とも言います。

会計期間

a 貸借対照表

　貸借対照表の借方には資産に属する項目とその金額が，貸方には負債と純資産（資本）に属する項目とその金額が記載されます。まず借方の資産とは企業が事業活動のために所有している実際の経済価値である財貨や債権を言い，これには現金や預金，備品，建物，土地などのほか後日金銭を受け取れる権利である貸付金,売掛金などがあります。次に貸方には負債と純資産（資本）とが記載されます。この借方の資産と貸方の負債及び純資産（資本）とを一対にした表示は以下の関係を示しています。事業体が上述のような各種資産を所有しているということは，事業体はその資産を手に入れるに際し，同額の資金をどこからか調達してきているはずです。その資金の出所を示すのが貸借対照表の貸方です。負債は銀行等の債権者から調達した資金であり，純資産（資本）はその事業体のオーナーが拠出したいわゆる元手資金です。負債と資本はその調達もとが他者（銀行等）

なのか自己（事業主自身）なのかが異なるものの，ともに事業活動の資金として機能しているという点は共通しています。そのため純資産（資本）を自己資本または持分，負債を他人資本ということもあります。

　さて貸借対照表はこのように事業体の所有する資産の一覧と，その資金的裏付けを調達源泉別に負債および純資産（資本）として報告する財務諸表として機能しています。資産を多く抱えている事業体は一見豊かに見えます。しかし，もしその事業体がその資産を所有するために資金調達の相当額を負債に依存していたとすると，その事業体の財政状態は決して良いとは言えないでしょう。事業体の財政状態とは単に資産総額で評価されるのではなく，純資産（資本）と負債のバランスを含めた資金の調達状況（貸方）とその資金をどのような資産に資本投下して事業運営を図っているのかを示す資産一覧の構成（借方）の総合的判断によって評価されます。したがって貸借対照表は事業体の財政状態を示す財務諸表であると理解されています。貸借対照表上でのこうした資産・負債・純資産（資本）の関係は，貸借対照表等式と呼ばれる以下の恒等式として示されます。また純資産（資本）に注目した式の変換により，資本等式と呼ばれる式で各項目の関係を表現することもあります。

$$\text{貸借対照表等式}\cdots\text{資産}\ =\ \text{負債}\ +\ \text{純資産（資本）}$$
$$\text{資本等式}\cdots\cdots\text{純資産（資本）}\ =\ \text{資産}\ -\ \text{負債}$$

　資本等式では純資産（資本）は資産から負債を控除した額として示されています。そのためこうした概念での資本は，資産のうち他者の資金によらずに調達されている資産相当額を示しているので，これを純資産ないし純財産と表現することもあります。ただし，これは計算としての総額的な対応概念ですから，貸借対照表上の各々の資産項目が，調達資金としてのどの負債と結び付いているとか，調達資金としての純資産（資本）と結び付いているというような具体的対応を意味するものではありません。旧来，資本は資本という呼称が最も一般的でしたが，2006年の会社法改定を機に昨今は純資産という呼称が浸透・定着しつつあります。しかしながら今でも純資産は資本，自己資本，持分，純財産などいくつもの呼称が，その機能の解釈に関連して使用されています。いずれにしても貸借対照表は企業の有する経済価値を，資金の運用形態（借方）と資金の調達源泉（貸方）として示すことで，当該事業体の財政状態を明らかにしようとする報告書です。

　貸借対照表は期末毎に作成しますが，その時点で所有している資産一覧とその資金的裏付けとを左右（貸借）一対にして提示した財務諸表ですから，たとえば11月30日には11月30日の資産・負債・資本の状態があり，また12月31日には12月31日におけるそれらの状態があるはずです。したがって日々その状況に応じた貸借対照表を作成することは論理的に可能です。しかし会計処理にコンピュータを導入しない限り，取引ごとに変化する各項目の状況に即して貸借対照表を日々更新して作成することは時間と手間において困難です。あえて作成するとすれば，期首時点の貸借対照表を作成することがあります。これは特に開始貸借対照表と言います。開始貸借対照表は決算時に作成される期末貸借対照表との比較という経営分析目的で作成されます。しかし継続して事業を営んでいる場

合は前年度の決算で作成した貸借対照表がそのまま翌年度の開始貸借対照表に当たるわけですから、特にその作成に手間がかかるということはありません。但し前期末貸借対照表を翌期の期首（開始）貸借対照表とする場合は、前期末貸借対照表の資本金額と当期純利益額との合計値を、開始貸借対照表の資本金の額とせねばなりません。たとえば前掲の貸借対照表で、高知商店のX2年1月1日の資本の額は¥3,500,000です。実は高知商店の平成×1年12月31日時点の資本金額も本来は¥3,500,000です。これは期首時点つまり×年1月1日の高知商店の資本は¥3,000,000で、そこからの1年間の事業活動によって¥500,000の当期純利益を獲得したことを示しています。ここで期末に計算される当期純利益は、実は期末時点では自己資本の一部として機能しています。つまり貸借対照表借方に表示されている資産の資金的裏付けの一部を構成しています。しかし当期純利益が期末時点で、純資産（資本）の一部であるにもかかわらず、貸借対照表でこれを一括して「資本金3,500,000」と表示しないのは、X1年の期末貸借対照表を見る者にその資本額が、期首と比して増加した結果3,500,000に至ったものなのか、あるいは期首に比して減少すなわち事業的失敗の結果として3,500,000に至っているのかを一見してわかるようにするためです。

b 損益計算書

さて損益計算書では借方に費用、貸方に収益が記載されています。損益計算書は損益計算書等式と呼ばれる下記の恒等式で表すことができます。

損益計算書・・・費用総額＋当期純利益 ＝ 収益総額

ここで収益とは営業活動の成果として獲得した経済価値です。収益には売上や受取手数料、受取地代などがあります。一方、費用とは収益という成果を得るために犠牲にした経済価値です。費用には従業員を雇えば賃金、給与が発生しますし、他にも光熱費、通信費、支払家賃、広告宣伝費、支払利息などがあります。事業活動では収益を獲得する一方で費用も発生します。しかし費用以上の収益を獲得すればその差額が当期純利益ということになります。逆に費用総額が収益総額を上回るような場合は、損益計算書の貸方に当期純損失が計上されることになります。

貸借対照表では、当期純利益ないし純損失は期首から期末にかけての資本増減額を示していました。貸借対照表と損益計算書は当期純利益ないし当期純損失（当期純利益ないし当期純損失を当期純損益として一括して表現することもあります）でつながっています。つまり収益は資本を増加させる要素であり、一方、費用は資本を減少させる要素です。期中の資本増加要素（収益）と資本減少要素（費用）とを比較し、その差額が当期純利益すなわち事業活動を通しての資本増加ないし、当期損失すなわち事業活動を通しての資本減少という結論として認識され損益計算書に表示されるとともに同額が貸借対照表にも表示されます。貸借対照表は会計期間中の資本の増減結果のみを示していますが、損益計算書は、資本増減の原因を、増加要因（収益）と減少原因（費用）とを対応表示することで説明していると言えます。そのため貸借対照表が事業体の財政状態を報告する財務諸表として機能しているのに対して、損益計算書は事業体の経営成績を明らかにする報告書として機能しています。

以下は，貸借対照表と損益計算書作成に至るまでの簿記一巡の手続きです。

二つの計算思考

　財務諸表の上部に付される日付について，貸借対照表は「○年○月○日（現在）」であるのに対して損益計算書は「○年○月○日から○年○月○日（まで）」となっていました。貸借対照表と損益計算書とで日付のつき方が異なるのは，それぞれの財務諸表作成にあたっての計算思考の相違を反映したものです。貸借対照表と損益計算書それぞれの財務諸表は各々異なった計算思考が適用されています。ここではそれぞれの計算思考をみていくことで，貸借対照表と損益計算書での当期純損益が同額であることを確認し，またそれぞれが異なった計算思考を採ることの会計上の意義をみておきます。

　計算思考の一つはフロー計算といわれるもので，一定期間に観察されるプラス現象とマイナス現象

という流れ（フロー）をもとに，流入総額と流出総額とを比較して，純額の変化量を計算するものです。もう一つはストック計算といわれるもので，こちらは途中の変化について観察することはなく，二時点の残高（ストック）を単純比較して変化量を計算する方法です。

　この計算は特に会計に限って使われるものではなく，ごく日常的に利用されています。たとえば家で朝テーブルにみかんが7つあったとして，夜にはそれが，9つになっていたとします。みかんは昼間，母親によって6つ買い足されていたのですが，夕方には子供たちがおやつに4つ食べてしまったのです。父親は昼間の出来事を知らずとも，朝テーブルにみかんが7つありそして夜には9つになっていることから，9－7＝2によって，みかんが2つ増えていることを知ることができます。また母親がその忙しさのあまり朝と夜のテーブル上のみかんの数を確認していなかったとしても，自身の行動である6つ買い足してきたものの，子供たちにおやつとして4つを与え消費していることを思い起こせば，6－4＝2で我が家にみかんが2つ増えたことを知ることができます。更に朝と夜の時点でのストック計算2と，今日一日の間の買い足しと消費というフロー計算の結果2とは当然同じ計算結果です。またふたつの計算方法を併用することで，それぞれの計算結果を相互に検証しあっていることになります。

財務諸表と二つの計算思考

　貸借対照表にはストック計算が利用されています。実際には朝のみかんと夕方のみかんのように，期首と期末を単純比較して貸借対照表を作成するというわけではありませんが，当期純損益の表示において期首という一時点と期末という一時点の状態を比較する表示方法をとっているのでそのように解釈されています。一方損益計算書にはフロー計算が利用されています。費用はまさに価値の流出ですし，収益は価値の流入です。その差額が資本の純増減となる当期純損益として計算表示されていますから，まさにフロー計算と言えるでしょう。財務諸表は，貸借対照表でストック計算を損益計算書でフロー計算という異なった計算を行いながら，それぞれに当期純損益を算定することで，簿記会計はその計算の完全性と検証可能性を高めているということになります。

第2章　企業会計の基礎

第1節　簿記の基本原理

1．取引と勘定

　企業はその日々の経済活動を"一定の技法"により貨幣数値をもって記録・計算し，その記録を整理して定期的に一定の書式にまとめ報告します。こうした記録・計算・報告の行為が会計です。社会における会計実践は，それが企業自身の経営管理に役立つだけではなく，企業の利害関係者，たとえば金融機関や投資家などが何らかの意思決定を行うに際しても有用な資料を提供します。そういう意味で会計は当該企業のみならず社会においても重要な意義を持ちます。さてこの会計実践ですが，これは全て経済活動の記録からスタートしています。簿記とはまさに帳簿記帳技術であり，企業等の経済活動を記録する"一定の技法"です。この章では、会計実践の記録・計算・報告の一巡の概要を把握する目的で，簿記上の取引とその記録技法の概要から始め，簿記一巡の流れを概説します。

　簿記は，企業の日々の取引を記録することから始まります。簿記における**取引**とは，**資産・負債・資本の増減や収益・費用の発生**の原因となる事柄を指します。たとえば，商品の仕入れや売上げ，銀行からの借入れ，給料や家賃の支払いなどのことです。これらは，一般に言われる取引と同じです。

　しかし，簿記上の取引には一般には取引と言われるものの，簿記上は取引と扱わないものもあります。たとえば，商品の注文や建物の賃貸借契約などは資産・負債・資本の増減や収益・費用の発生の原因とはならないので，簿記上は取引ではありません。一方，火災による建物の損失は，一般に言われる取引ではありません。しかし，資産の減少となるため，簿記上は取引として扱われます。

　この取引を記録する場合，まずその取引がどのような要素で成り立っているのかと考え，それらをそれぞれ記録しなければ，その取引を記録したことにはなりません。たとえば事務用の机を購入し現金で支払ったのなら，この取引を記録するとは机を獲得したことを記録し，また現金を支出したことを記録するということです。つまり取引を記録するとは，机や現金といった項目についてのそれぞれの状況を記録するということです。この机や現金という項目名を簿記では**勘定科目**と言います。

　机も現金も資産ですが，ただ資産として同じに扱うのではなく，現金という資産，机という資産として，それぞれを区別して扱います。そのためこの現金や机といった項目名が取引記録の最小単位ということになります。資産の勘定科目には現金，預金，商品，備品，建物，貸付金，売掛金，受取手形，未収金，土地などがあります。負債の勘定科目には借入金，買掛金，支払手形，未払金

などがあります。なお上述で"机"という記録単位は，実際の簿記では備品という勘定科目名で表現されます。科目表現の詳細は必要に応じ，後述します。

さて，各勘定科目ごとにその状況，つまり，増加や減少を記録していくわけですが，その科目ごとに設けられた記録の場所を勘定口座と言います。現金という科目の増減を記録する場所は現金勘定口座，机などを内容とする備品という勘定科目についての記録の場所が備品勘定口座と呼ばれる場所となります。

勘定口座の形式には標準式と残高式がありますが，便宜的に次のようなT字型が多く用いられます。勘定口座の左側を**借方**（debit），右側を**貸方**（credit）と言います。

```
         現    金  ← 勘定科目
                                      ⎫
 （日付）（摘要）（金額）│（日付）（摘要）（金額）  ⎬ 勘定口座
                                      ⎭
```

資産の勘定口座であれば，貸借対照表の左側（借方）に記載されるので借方がその科目に関する増加を記録する場所となり，負債は，貸借対照表の右側（貸方）に記載されるので貸方がやはりその科目の増加を記録する場所となります。同様に，資本は貸方が増加となります。なお，資本勘定は，貸借対照表においては純資産の一項目として記載されます。（この章では，純資産の項目は資本だけなので，同義と考えてください。）

また，収益は損益計算書の右側（貸方）に記載されるので貸方が増加となり，費用は損益計算書の左側（借方）に記載されるので借方が増加となります。

勘定記入の方法

設例2－1

4月25日　商品¥15,000（仕入価額¥10,000）を売り渡し，代金は現金で受け取った。

¥15,000の商品の代金を現金で受け取ったので，現金（資産）が増加しています。そこで，現金勘定の借方に記入します。

一方で，¥10,000で仕入れた商品を売り渡したので，商品（資産）が減少しています。そのため，商品勘定の貸方に記入します。さらに，このとき，¥5,000（＝¥15,000－¥10,000）の商品売買益（収益）が発生しています。これを，商品売買益勘定の貸方に記入します。

現金（資産）の増加　¥15,000　　　　商品（資産）の減少　　¥10,000
　　　　　　　　　　　　　　　　　　商品売買益（収益）の発生　¥ 5,000

このように，全ての簿記上の取引は二面性を有しています（**取引の二面性**）。そして，全ての勘定の借方の合計金額と全ての勘定の貸方の合計金額は，常に一致します。このことを**貸借平均の原理**と言います。資産・負債・資本の増加および減少，収益・費用の発生が結びついている関係を示すならば，次の図のように示されます。

取引の結合関係

資産の増加	資産の減少
負債の減少	負債の増加
資本の減少	資本の増加
費用の発生	収益の発生

2．仕訳と転記

取引を毎回勘定口座に直接記入していくと，記入間違いや記入漏れをしてしまうかもしれません。そこで，正確に勘定口座に記入するため，勘定へ記入する前に**仕訳**という作業を行います。仕訳とは，取引を借方要素と貸方要素に分解し，勘定科目と金額を決定することです。

設例2－1の取引を仕訳すると，借方要素として，現金（資産）の増加¥15,000，貸方要素として，商品（資産）の減少¥10,000と商品売買益（収益）の発生¥5,000に分解することができます。

設例2－2

設例2－1の取引を仕訳しなさい。

　　　　（借）現　　　　金　　15,000　　（貸）商　　　品　　10,000
　　　　　　　　　　　　　　　　　　　　　　商品売買益　　 5,000

（借）や（貸）は，それぞれ借方と貸方の略です。仕訳は，**仕訳帳**（journal）という帳簿に記入します。仕訳を，仕訳帳に記入すると，次のようになります。

仕 訳 帳　仕訳帳のページ（丁数）→ 1

日	付	摘　　　　要	元丁	借　方	貸　方
4	1	（現　　金）	1	1,000,000	
		（資 本 金）	12		1,000,000
		元入れして開業			
	25	（現　　金）　諸口	1	15,000	
		（商　　品）	3		10,000
		（商品売買益）	9		5,000
		長崎商店に売り上げ			
		次ページへ		1,160,000	1,160,000

① 日付欄　取引が発生した日付を記入する。ただし，1つ前の取引と同じ月に取引が発生した場合は，日にちだけでよい。また，同じ日に2つ以上の取引が発生し，同じページに記入する場合は，日にちの欄に「〃」を記す。

② 摘要欄　勘定科目を記入する。借方の勘定科目は左側に，貸方の勘定科目は次の行の右側に書く。勘定科目には，括弧を付す。仕訳の下に，取引の内容を簡単に書いたものを小書きと言う。やや小さめの字で記す。

　借方もしくは貸方の勘定科目が2つ以上のときは，勘定科目の上に諸口と記入する。諸口とは，仕訳の際に，借方もしくは貸方に複数の勘定科目が存在していることを意味する。一方の勘定科目が1つ，他方の勘定科目が2つ以上のときは，借方，貸方の順ではなく，まず勘定科目が1つのほうを記入する。そして，その貸借の反対側に諸口と書き，次行から2つ以上の勘定科目名を記入していく。1つの取引の仕訳は，2ページに渡って記入してはいけない。

　また，前の取引の仕訳と次の取引の仕訳を区別するために，摘要欄に赤で区切り線を引く。

③ 元丁欄　仕訳した取引を総勘定元帳の勘定口座に移し変える際に（転記，後述），勘定口座の番号もしくは総勘定元帳のページ数を記入する。

④ 繰越　各ページの最終行には，摘要欄に「次ページへ」と記入し，当該ページの借方および貸方の小計を出す。最終行の借方欄と貸方欄の上に，赤線を引く。この線を合計線と言う。最終行の前に余白が生じたときは，合計線を摘要欄の3分の2までのばし，斜線を引く。

　期末には，借方欄，貸方欄に合計線を引き，それぞれの合計額を計算する。そして，借方欄と貸方欄の合計額の下と，日付の下に赤の二重線を引いて締め切る。

仕 訳 帳　　　2

日付	摘　要	元丁	借　方	貸　方
	前ページから		1,160,000	1,160,000
31	（買　掛　金）	7	20,000	
	（現　　金）	1		20,000
	福岡商店の買掛金支払い			
			1,330,000	1,330,000

　次に，仕訳に基づいて，総勘定元帳の各勘定口座への記入をします。これを**転記**と言います。また，**総勘定元帳**（general ledger）とは，全ての勘定口座が設けられている帳簿です。全ての取引が仕訳帳から総勘定元帳に転記されます。

　総勘定元帳の勘定口座には，標準式と残高式の2種類があります。標準式は，中央で分けられ，左右は同じ形式となっています。一方，残高式は，残高欄が設けられ，その勘定の残高が常に示されるようになっています。

設例2－3

4月25日　商品¥15,000（仕入価額¥10,000）を売り渡し，代金は現金で受け取った。

[標準式]　　　　　　　現　金　　　　　　　　　1

平成年		摘　要	仕丁	借　方	平成年		摘　要	仕丁	貸　方
4	25	諸　　口	1	15,000					

[残高式]　　　　　　　現　金　　　　　　　　　1

平成年		摘　要	仕丁	借　方	貸　方	借または貸	残　高
4	25	諸　　口	1	15,000		借	15,000

①　日付欄　仕訳帳に記入された日付を記す。
②　摘要欄　仕訳の相手勘定科目を記入する。相手の勘定科目を記入することによって，取引内容を推定することができる。相手勘定科目が2つ以上あるときは，「諸口」と記す。この取引を仕訳すると，借方の勘定科目は現金，貸方の勘定科目は商品と商品売買益の2つであるため，総勘定元帳の現金勘定の摘要欄には，「諸口」と記す。また，総勘定元帳の商品勘定と商品売買益勘定の摘要欄には，それぞれ「現金」と記す。

③ 仕丁欄　その仕訳が記入されている仕訳帳のページ数を記入する。そして，仕訳帳の元丁欄には，勘定口座の番号もしくは総勘定元帳のページ数を記す。仕訳帳の元丁欄への記入があるときは，その仕訳が転記済みであることを示す。

④ 借方欄・貸方欄　借方欄には借方の勘定科目の金額を，貸方には貸方の勘定科目の金額を記入する。先の例では，現金勘定は，仕訳帳の借方に¥15,000とあるので，総勘定元帳の借方欄に¥15,000と記入する。ここに記入するのは，相手勘定科目の金額ではない。

⑤ 残高欄　残高式の総勘定元帳では，記入ごとに借方と貸方の差額である残高を求める。これにより，勘定の現在有高がいつも把握できる。借方の方が多いときは，「借または貸」の欄に「借」と記入し，貸方の方が多いときは，「貸」と記入する。

第2節　決算手続き

1．試算表と6桁精算表

仕訳帳から総勘定元帳への転記が正しく行われたかどうかを確かめるために，**試算表**（Trial Balance；T/B）を作成します。**試算表**とは，総勘定元帳の全ての勘定の合計額または残高を1つの表にまとめたものであり，**合計試算表**，**残高試算表**，**合計残高試算表**の3種類があります。合計試算表の雛形は下記のようになっています。

合 計 試 算 表
平成○年4月30日

借　　方	元丁	勘　定　科　目	貸　　方

合計試算表の借方欄と貸方欄には，総勘定元帳に記入された各勘定科目の借方欄および貸方欄それぞれの合計金額を記入します。勘定科目は，資産，負債，資本，収益，費用の順に記載されます。そして，最終行には，全ての勘定の借方の合計額，貸方の合計額を記入します。仕訳帳から総勘定元帳への転記が正確に行われているときは，常に貸借が平均しているため，この全ての勘定の借方の合計額と貸方の合計額は一致します。一致しないときは，これまでの過程の中でミスがあったことを示しています。しかし，仕訳が誤っていても貸借が平均しているときは，試算表でこのミスを発見することはできません。

次に，残高試算表について説明します。残高試算表では，借方欄および貸方欄には，各勘定口座の残高を記入します。借方残高のときは借方欄に，貸方残高のときは貸方欄に記入します。そして，合計試算表と同様に，最後に各勘定科目の合計額を計算します。残高試算表においても，仕訳帳から総勘定元帳への転記が正確に行われているときは，全勘定の借方の合計額と貸方の合計額は一致します。

残 高 試 算 表

平成○年4月30日

借　　　方	元丁	勘 定 科 目	貸　　　方

　合計残高試算表は，合計試算表と残高試算表，両方で記入された情報が一つになったものです。まず，合計残高試算表の合計欄の借方と貸方に，各勘定の合計額を記入した後，全ての勘定の借方の合計額，貸方の合計額を記入します。次に，合計残高試算表の残高欄に，借方残高のときは借方に，貸方残高のときは貸方に，各勘定の残高を記入し，最後に全ての勘定の残高合計を計算します。

合計残高試算表

平成○年4月30日

借　　方		元丁	勘 定 科 目	貸　　方	
残　高	合　計			合　計	残　高
260,000	600,000	1	現　　　　金	340,000	
160,000	470,000	2	売　　掛　　金	310,000	
	300,000	3	買　　掛　　金	400,000	100,000
		4	資　　本　　金	300,000	300,000
		5	商 品 売 買 益	100,000	100,000
80,000	80,000	6	給　　　　料		
500,000	1,450,000			1,450,000	500,000

　次に，残高試算表から**精算表**（Working Sheet；W/S）を作成します。ここでは，6桁精算表を取り上げます。6桁精算表とは，残高試算表から損益計算書と貸借対照表を作成する手続きを1つにまとめた計算表です。

精　算　表

勘定科目	元丁	残高試算表		損益計算書		貸借対照表	
		借方	貸方	借方	貸方	借方	貸方
現　　　金	1	260,000				260,000	
売　掛　金	2	160,000				160,000	
買　掛　金	3		100,000				100,000
資　本　金	4		300,000				300,000
商品売買益	5		100,000		100,000		
給　　　料	6	80,000		80,000			
当期純利益				20,000			20,000
		500,000	500,000	100,000	100,000	420,000	420,000

① 総勘定元帳の各勘定の残高を残高試算表欄に記入し，貸借を平均する。
② 残高試算表欄の勘定科目のなかから，資産，負債，資本に属する勘定の金額を，貸借対照表欄に記入する。（ここでは，現金と売掛金，買掛金，資本金）
③ 残高試算表欄の勘定科目のなかから，収益，費用に属する勘定の金額を，損益計算書欄に記入する。（ここでは，商品売買益と給料）
④ 損益計算書欄の借方と貸方をそれぞれ合計する。借方と貸方の差額を，金額の少ない方に記入する。貸方の金額が多いときは，当期純利益であり，借方の合計額が多いときは当期純損失となる。このとき，勘定科目の「当期純利益（当期純損失）」と当期純利益（当期純損失）の金額は朱記する。
⑤ 貸借対照表欄の借方と貸方をそれぞれ合計する。借方と貸方の合計額を比較し，その差額を金額の少ない方に記入する。貸借対照表欄の金額は，黒記する。

2．決算と財務諸表の作成

　一会計期間の経営成績と期末の財政状態を明らかにするために，期末に総勘定元帳の各勘定口座の記録を整理します。このことを，総勘定元帳の締切りと言います。総勘定元帳の締切りは，収益・費用の勘定の締切りの後，資産・負債・資本の勘定の締切りを行います。

（1）当期純利益を算定するために，新たに損益勘定を設けます。そして，収益および費用の全ての勘定を損益勘定に移します。収益に属する各勘定の残高は損益勘定の貸方に，費用に属する各勘定の残高は損益勘定の借方に記入します。損益勘定のように，複数の勘定の残高を集めた勘定を**集合勘定**と言います。

　　このように，ある勘定の金額を他の勘定に移すことを**振替**と言います。また，振替のための仕訳は，**振替仕訳**と言います。収益および費用の勘定の振替仕訳の例は，次の通りです。

- 収益項目の振替仕訳
  (借) 商品売買益　100,000　　（貸）　損　　　益　100,000
- 費用項目の振替仕訳
  (借) 損　　　益　80,000　　（貸）　給　　料　80,000

(2) 損益勘定の貸方と借方の差額は，当期純利益となります。当期純資産は，純資産(資本)の増加となるため，これを資本金勘定の貸方に振り替えます。

　　　　(借)　損　　　益　20,000　　（貸）　資　本　金　20,000

(3) 上記で，収益と費用の各勘定は損益勘定に振り替えられたため，勘定口座の残高の貸借反対側に，相手勘定である「損益」と，残高と同じ金額を記入します。これにより，貸借が一致します。そこで，金額の下に二重線を引いて，勘定口座を締め切ります。

給　料

| 4/30 ○　　○ | 80,000 | 4/30 損　　　益 | 80,000 |

商品売買益

| 4/30 損　　　益 | 100,000 | 4/30 ○　　○ | 100,000 |

損益勘定には，相手勘定である「資本金」と，金額を記入します。貸借が一致するため，金額の下に二重線を引いて，勘定口座を締め切ります。

損　　益

4/30 給　　料	80,000	4/30 商品売買益	100,000
〃 資　本　金	20,000		
	100,000		100,000

― 16 ―

(4) 資産，負債の各勘定には，赤で残高と同じ金額とともに，摘要欄に「次期繰越」と記入します。これを**繰越記入**と言います。資本金勘定の貸方には，上記(2)で振り替えられた「損益」を黒で記入します。そして，赤で金額と，摘要欄の「次期繰越」を記入します。さらに，資産，負債，資本の各勘定は，次期の最初の日付で，摘要欄に「前期繰越」と金額を黒で記入します。これは，**開始記入**と言います。

現　金

4/30 ○　○	260,000	4/30 次期繰越	260,000
5/1 前期繰越	260,000		

売掛金

4/30 ○　○	160,000	4/30 次期繰越	160,000
5/1 前期繰越	160,000		

買掛金

4/30 次期繰越	100,000	4/30 ○　○	100,000
		5/1 前期繰越	100,000

資本金

4/30 次期繰越	320,000	4/30 損　益	320,000
		5/1 前期繰越	320,000

このように，総勘定元帳の上で勘定の締切りを行う方法を，**英米式決算法**と言います。これらは，仕訳を行わずに各勘定口座で締め切るので，締切りが正確に行われたかどうかを確認する必要があります。そこで，次に**繰越試算表**を作成します。繰越試算表とは，資産・負債・資本の各勘定の次期への繰越額を集計したものです。

繰越試算表
平成○年4月30日

借　方	元丁	勘定科目	貸　方
260,000	1	現　　　金	
160,000	2	売　掛　金	
	3	買　掛　金	100,000
	4	資　本　金	320,000
420,000			420,000

最後に，損益計算書と貸借対照表を作成します。損益計算書は，主に損益勘定に基づいて作成します。損益勘定の摘要欄に記されている資本金は，仕訳時の相手勘定科目を表しているにすぎません。そのため，決算報告書である損益計算書では，ここを当期純利益と表示します。

損 益 計 算 書

佐賀商店　　　平成○年4月1日から平成○年4月30日

費　　用	金　　額	収　　益	金　　額
給　　料	80,000	商 品 売 買 益	100,000
当 期 純 利 益	20,000		
	100,000		100,000

　また，貸借対照表は，繰越試算表を基に作成します。繰越試算表の資本金は，期末の資本金を示しています。これは，期首の資本金と当期純利益の合計額です。当期純利益とは，株主による出資金を元手として，企業が経営活動を行った結果得た利益であり，これは株主に帰属する純資産（資本）の増加を意味します。すなわち，当期純利益は，当期における資本金の増加額となります。そこで，貸借対照表では，繰越試算表の資本金を資本金（期首資本）と当期純利益とに分けて表示します。

貸 借 対 照 表

佐賀商店　　　　　　平成○年4月30日

資　　産	金　　額	負債および純資産	金　　額
現　　　　金	260,000	買　　掛　　金	100,000
売　　掛　　金	160,000	資　　本　　金	300,000
		当 期 純 利 益	20,000
	420,000		420,000

練習問題

佐賀商店の平成○年3月31日における総勘定元帳の記録から，精算表を作成しなさい。

現　金 1	売掛金 2	商　品 3	備　品 4
454,000 | 169,000	685,000 | 427,000	734,000 | 538,000	189,000 | 77,000

買　掛　金 5	借　入　金 6	資　本　金 7	商品売買益 8
165,000 | 352,000	50,000 | 200,000	| 400,000	| 298,000

受取利息 9	給　料 10	支払家賃 11	雑　費 12
| 33,000	112,000 |	65,000 |	40,000 |

精　算　表
平成　年　月　日

勘定科目	元丁	残高試算表 借方	残高試算表 貸方	損益計算書 借方	損益計算書 貸方	貸借対照表 借方	貸借対照表 貸方
現　　金	1	285,000				285,000	
売　掛　金	2	258,000				258,000	
商　　品	3	196,000				196,000	
備　　品	4	112,000				112,000	
買　掛　金	5		187,000				187,000
借　入　金	6		150,000				150,000
資　本　金	7		400,000				400,000
商品売買益	8		298,000		298,000		
受取利息	9		33,000		33,000		
給　　料	10	112,000		112,000			
支払家賃	11	65,000		65,000			
雑　　費	12	40,000		40,000			
当期純利益				114,000			114,000
		1,068,000	1,068,000	331,000	331,000	851,000	851,000

第3章 現金預金

　私たちの日常生活において現金は欠かせないものですが，企業にとっても同じで，現金が不足すると企業は経営上支障をきたします。したがって，企業活動を行っていくなかで，つねに現金がマイナスにならないように管理しなければならず，その現金管理活動の状況によって，その企業の経理体制ひいては財務体質の水準がわかるとも言われています。本章では，現金勘定や小口現金制度などについて述べ，企業にとって最も重要な現金預金の管理方法について説明します。

第1節　現　　金

1．現金勘定

　簿記では，日々出入りする現金を処理し，手許にどれだけの資金があるかを明確にしなければなりません。ここで注意を要することは，簿記のなかで現金として認められるものは紙幣や硬貨だけでなく，容易に換金可能なもの，たとえば他人振出しの小切手や送金小切手，普通為替証書，株式配当金領収書，支払期限が到来した公社債の利札などの**通貨代用証券**も現金に含まれると言うことです。

- 他人振出小切手：小切手とは，振出人が自分の取引銀行に支払いを委託する証券のことである。そこで，自己（自社）が振り出した小切手を自己振出小切手と言い，第三者（他の企業）が振り出した小切手を他人振出小切手と言う。
- 送金小切手：小切手の一種で，送金人は金銭の送金にあたって，銀行から送金小切手の交付を受け，これを遠隔地の受取人に郵送し，受取人はこの小切手を支払銀行に呈示して支払いを受ける。この場合，送金小切手の振出人は，銀行等となる。
- 普通為替証書：郵便局の為替による送金の際に発行される証書のことである。受取人はこの証書と引き換えに郵便局で現金を受け取る。
- 株式配当金領収書：株主が配当金を受け取るための引換証のことである。株式配当金領収書を受け取った株主は，それを指定金融機関に持参すれば，現金と引き換えることができる。
- 支払期日が到来した公社債の利札：利札はクーポンとも呼ばれ，公債や社債の利子を受け取るための証券で，利子受取の期日が到来すれば現金として処理される。

そしてこれらすべてを含め，**現金勘定**で処理します。ちなみに，現金勘定は資産に属する勘定なので，現金収入はこの勘定の借方に，現金支出は貸方に記入します。また，現金の残高はマイナスになることはないので，つねに**借方残高**となり，現金の手許有高を示します。

```
           現    金
┌──────────────┬──────────────┐
│  前期繰越高   │  現金の減少   │
├──────────────┼──────────────┤
│              │              │
│  現金の増加   ├──────────────│
│              │  現金の残高   │
└──────────────┴──────────────┘
```

(仕訳)
- 現金の増加

　　(借) 現　　　金　　×××　　(貸)(該当する勘定)　×××

- 現金の減少

　　(借)(該当する勘定)　×××　　(貸) 現　　　　金　×××

設例3－1

次の取引について仕訳しなさい。

4月25日　店舗の当月分家賃¥50,000を現金で支払った。

　26日　当店が保有している株式について，株式配当金領収書¥2,000を受け取った。

　　4／25　(借) 支 払 家 賃　50,000　　(貸) 現　　　　金　50,000
　　　26　(借) 現　　　金　　2,000　　(貸) 受取配当金　　2,000

2．現金出納帳

現金出納帳は現金収支取引の記録を行う**補助簿**です。現金勘定に記入されるすべての取引に関して，いつ，どこから，どうして，どれだけの入金・出金があったかを，取引発生順に記録します。現金管理は日々行う必要のある重要な業務であることから，現金出納帳の作成は最も基本的な経理業務のひとつであると言えます。なお，実務上は，現金出納帳を**現金収入帳**と**現金支払帳**に分けることもあります。

設例3－2

次の取引について仕訳し，現金勘定および現金出納帳に記入してそれらを締め切りなさい。なお，現金の前月繰越高は¥110,000である。

4月2日　事務用机¥70,000を現金で購入した。

　7日　名古屋商店から売掛金¥350,000を現金で受け取った。

　15日　神戸商店に対する買掛金¥300,000を現金で支払った。

　25日　本月分の給料¥80,000を現金で支払った。

　　4／2　(借) 備　　　品　　70,000　　(貸) 現　　　　金　　70,000
　　　7　(借) 現　　　金　350,000　　(貸) 売　掛　金　350,000
　　　15　(借) 買　掛　金　300,000　　(貸) 現　　　　金　300,000
　　　25　(借) 給　　　料　　80,000　　(貸) 現　　　　金　　80,000

現金出納帳

平成〇年		摘　要	収　入	支　出	残　高
4	1	前月繰越	110,000		110,000
	2	事務用机の購入		70,000	40,000
	7	名古屋商店の売掛金入金	350,000		390,000
	15	神戸商店の買掛金支払い		300,000	90,000
	25	本月分給料の支払い		80,000	10,000
	30	次月繰越		10,000	
			460,000	460,000	
5	1	前月繰越	10,000		10,000

3．現金過不足勘定

　記帳誤りや記帳漏れなどによって，現金の**実際残高**と**帳簿残高**が一致しないということが起きた場合は，とりあえず**現金過不足勘定**を用いて，帳簿残高の金額を実際残高に合わせる必要があります。ここで注意すべきことは，現金過不足勘定によって，実際残高と帳簿残高が一致すれば，もう何もしなくてよいのではなく，これはあくまでも**一時的な処理**であるということです。後日，現金過不足の原因が判明されれば，現金の過不足額を適切な勘定に振り替えなければなりません。しかし，もし決算時になっても現金過不足の原因が判明されなかった場合は，その金額を**雑損勘定**（費用）あるいは**雑益勘定**（収益）に振り替えます。したがって，現金過不足勘定は一時的に不足額または過剰額を記入しておく仮の勘定ということになります。

　（1）　現金の実際残高が帳簿残高よりも少ない場合。（実際残高＜帳簿残高）

(仕訳)
① 現金の実際残高と帳簿残高の不一致が判明したとき，現金過不足勘定の借方に不足額を記入することによって，帳簿上の現金勘定を減らして実際残高に合わせる。
　　　　　（借）現 金 過 不 足　×××　（貸）現　　　　金　×××
② 決算日までに現金過不足の原因がわかったとき，現金過不足勘定から正しい勘定に振り替える。
　　　　　（借）（該当する勘定）　×××　（貸）現 金 過 不 足　×××
③ 決算日まで不一致の原因がわからなかったとき，雑損勘定を設けて処理する。
　　　　　（借）雑　　　　損　×××　（貸）現 金 過 不 足　×××

設例3－3
次の取引について仕訳しなさい。
9月21日　現金の実際残高を確認したところ，帳簿残高よりも¥5,000不足していた。
10月26日　その後の調査の結果，現金過不足勘定で処理していた不足の¥5,000のうち，¥4,000は交通費支払いの記帳漏れであることが判明した。
12月31日　決算日になっても，¥1,000については不足の原因が判明しなかった。
　　9/21　（借）現金過不足　5,000　（貸）現　　　金　5,000
　　10/26　（借）交　通　費　4,000　（貸）現金過不足　4,000
　　12/31　（借）雑　　　損　1,000　（貸）現金過不足　1,000

(2) 現金の実際残高が帳簿残高より多い場合。（実際残高＞帳簿残高）

(仕訳)
① 現金の実際残高と帳簿残高の不一致が判明したとき，現金過不足勘定の貸方に過剰額を記入することによって，帳簿上の現金勘定を増やして実際残高に合わせる。
　　　　　（借）現　　　　金　×××　（貸）現 金 過 不 足　×××
② 決算日までに現金過不足の原因がわかったとき，現金過不足勘定から正しい勘定に振り替える。
　　　　　（借）現 金 過 不 足　×××　（貸）（該当する勘定）　×××
③ 決算日までに不一致の原因がわからなかったとき，雑益勘定を設けて処理する。
　　　　　（借）現 金 過 不 足　×××　（貸）雑　　　　益　×××

設例3－4

次の取引について仕訳しなさい。

10月21日　現金の実際残高を確認したところ，帳簿残高よりも￥5,000多かった。
11月10日　その後の調査の結果，受取手数料￥4,000の記帳漏れであることが判明した。
12月31日　決算日になっても，￥1,000については過剰の原因が判明しなかった。

10/21	（借）現　　金	5,000	（貸）現金過不足	5,000
11/10	（借）現金過不足	4,000	（貸）受取手数料	4,000
12/31	（借）現金過不足	1,000	（貸）雑　　益	1,000

第2節　預　　金

1．当座預金勘定

預金とは，銀行などの金融機関に預け入れている現金のことで，銀行では普通預金のほかに，定期預金，貯蓄預金，当座預金などがあり，ゆうちょ銀行では通常貯金，定期貯金など，様々な種類の預貯金があります。それらの預金は，それぞれの名称のついた勘定を設けて処理し，必要に応じて，補助簿を設けて明細を記録します。また，**当座預金以外の預貯金をまとめて銀行預金勘定**（または**諸預金勘定**）で処理することもあります。

では，なぜ当座預金はほかの預貯金と違う処理方法がとられるのでしょうか。それは，当座預金は企業が取引銀行との間で締結した当座取引契約に基づいて預け入れておく無利息の預金で，あくまでも企業による小切手や手形の支払いを目的としたものだからです。

企業にとって，現金の移動は紛失や盗難などの危険を伴う恐れがあるため，通常は小切手を用います。しかし，この小切手を振り出すには，銀行などの金融機関との間に当座取引契約を結ばなくてはなりません。当座預金口座を開設する際は，金融機関の審査があり，それに通過すれば，銀行から小切手帳の交付を受け，当座預金残高の範囲内で小切手を振り出すことが出来ます。ちなみに，小切手の様式を示すと，次のようになります。

なお，取引先に小切手を渡すことを**小切手を振り出す**と言い，この小切手を振り出した側を**振出人**，小切手を受け取った側を**受取人**と言います。小切手を振り出す際は，振出人は小切手に必要事項を記入して，現金の代わりに受取人に引き渡します。受取人は，その小切手と引き替えに直接その銀行から，または自己の取引銀行を通じて，小切手に記載された金額を受け取る（現金の増加）か，自分の預金口座に預け入れます（当座預金の増加）。また，自社が現金を引き出したいときにも，小切手を振り出す必要があります。

当座預金勘定は資産勘定ですから，当座預金に預け入れたときは当座預金勘定の借方に，小切手を振り出したときは当座預金勘定の貸方に記入することになります。

当 座 預 金

前期繰越高	引 出 高 （小切手振出高など）
預 入 高	残 高

設例3－5

次の取引について仕訳しなさい。ただし，預貯金の種類ごとに勘定を設けること。

4月1日　広島銀行と当座取引契約を結び，現金¥1,000,000を預け入れた。
　5日　取引銀行に現金¥300,000を普通預金として預け入れた。
　11日　定期預金¥500,000が満期となり，利息¥2,000とともに現金で受け取った。
　16日　小切手を振り出して，山口商店に対する買掛金¥350,000を支払った。
　23日　鳥取商店の売掛金¥480,000を同店振出しの小切手で受け取った。
　27日　島根商店の売掛金¥280,000を同店振出しの小切手で受け取り，ただちに当座預金に預け入れた。

4／1	（借）当座預金	1,000,000	（貸）現　　金	1,000,000		
5	（借）普通預金	300,000	（貸）現　　金	300,000		
11	（借）現　　金	502,000	（貸）定期預金	500,000		
			受取利息	2,000		
16	（借）買 掛 金	350,000	（貸）当座預金	350,000		
23	（借）現　　金	480,000	（貸）売 掛 金	480,000		
27	（借）当座預金	280,000	（貸）売 掛 金	280,000		

2．当座借越勘定と当座勘定

一般に，小切手を振り出しても，金融機関は当座預金の残高を超える支払いをしません。ただし，あらかじめ預金残高を超える一定限度額（**借越限度額**）までの支払いを金融機関と契約（**当座借越契約**）しておくと，預金残高を超える支払い請求があった場合でも，金融機関が不足分を貸し付け，

小切手の振出しおよび決済ができます。この預金残高を超えて引き出すことを**当座借越**と言い，当座借越は金融機関に不足分を借り入れたことを意味し，債務の発生つまり負債を抱えたことになります。当座借越の処理には，**当座借越勘定**を設けて，この勘定と**当座預金勘定**を用いる方法（**二勘定制**）と当座勘定だけを用いる方法（**一勘定制**）があります。

(1) 二勘定制

　当座借越が生じたときは，当座預金勘定（資産）を減らす仕訳と当座借越勘定（負債）を増加させる仕訳を同時に行います。つまり，預金残高までの金額を当座預金勘定の貸方に，預金残高を超える額は当座借越勘定の貸方に記入することになります。その後，当座預金を預け入れたときは，借越額がなくなるまで当座借越勘定の借方に記入し，借越額を超える額を当座預金勘定の借方に記入します。

　当座借越契約を結んでいる場合，預金残高を超えて小切手を振り出したとき，その超過額は銀行からの一時的な借り入れを意味し，当座借越勘定(負債)の貸方に記入します。

　　　（借）（該当する勘定）　×××　　（貸）当　座　預　金　×××
　　　　　　　　　　　　　　　　　　　　　　当　座　借　越　×××

　当座借越がされている場合に現金などを預け入れたときは，まず当座借越が返済されたとして当座借越勘定の借方に記入し，それでも残額がある場合には，当座預金の増加の記帳が行われます。

　　　（借）当　座　借　越　×××　　（貸）（該当する勘定）　×××
　　　　　　当　座　預　金　×××

(2) 一勘定制

　当座預金残高や当座借越残高の有無にかかわらず，小切手の振出額はすべて当座勘定の貸方に記入し，当座預金への預入額はすべて当座勘定の借方に記入します。この記帳によって，当座勘定の残高が貸方に生じれば，その残高は当座借越残高（負債）を意味し，借方に生じれば当座預金残高（資産）を意味することになります。なお，当座勘定は，資産と負債の両面を持っていることから，**混合勘定**と呼ばれています。

設例3-6

次の取引について，二勘定制と一勘定制でそれぞれの仕訳をしなさい。なお，当座預金残高は¥140,000であり，当座借越限度額¥500,000の当座借越契約が結ばれている。

5月10日　小切手を振り出して，岡山商店に対する買掛金¥400,000を支払った。
　　26日　現金¥320,000を当座預金に預け入れた。

二勘定制で処理する場合

5／10	（借）買　掛　金	400,000	（貸）当 座 預 金	140,000
			当 座 借 越	260,000
26	（借）当 座 借 越	260,000	（貸）現　　　　金	320,000
	当 座 預 金	60,000		

一勘定制で処理する場合

5／10	（借）買　掛　金	400,000	（貸）当　　　座	400,000
26	（借）当　　　座	320,000	（貸）現　　　　金	320,000

3．当座預金出納帳

当座預金についても現金と同様の理由から，補助簿として**当座預金出納帳**を設け，当座預金に記入されるすべての取引に関して，その内訳明細を発生順に記録します。なお，当座預金出納帳は，ひとつの金融機関とのやりとりを記録するもので，複数の銀行と当座取引を行っている場合は，当座預金ごとに当座預金出納帳を作成しなければなりません。

設例3-7

次の取引について仕訳し，当座預金勘定および当座預金出納帳に記入して，それらを締め切りなさい。

4月1日　広島銀行広島支店と当座取引契約を結び，現金¥100,000を当座預金に預け入れた。
　　6日　仕入先の大阪商店に対して，買掛金の一部¥60,000を，小切手（#1）を振り出して支払った。
　　10日　神戸商事から売掛金¥50,000を同店振出しの小切手で受け取り，ただちに当座預金に預け入れた。
　　20日　取引を仲介し，手数料¥60,000を当店振出しの小切手（#1）で受け取った。
　　25日　本月分の給料¥80,000を，小切手（#2）を振り出して支払った。

4／1	（借）当 座 預 金	100,000	（貸）現　　　　金	100,000
6	（借）買　掛　金	60,000	（貸）当 座 預 金	60,000
10	（借）当 座 預 金	50,000	（貸）売　掛　金	50,000
20	（借）当 座 預 金	60,000	（貸）受取手数料	60,000
25	（借）給　　　料	80,000	（貸）当 座 預 金	80,000

当 座 預 金

4/ 1	現　　金	100,000	4/ 6	買　掛　金	60,000
10	売　掛　金	50,000	25	給　　料	80,000
20	受取手数料	60,000	30	次 月 繰 越	70,000
		210,000			210,000
5/ 1	前 月 繰 越	70,000			

当 座 預 金 出 納 帳

平成○年		摘　　　要	預　入	引　出	借または貸	残　高
4	1	現金入金して口座開設	100,000		借	100,000
	6	大阪商店に買掛金支払，小切手＃1		60,000	〃	40,000
	10	神戸商事から売掛金回収	50,000		〃	90,000
	20	手数料の受取り(当店振出の小切手＃1)	60,000		〃	150,000
	25	本月分給料の支払い，小切手＃2		80,000	〃	70,000
	30	次月繰越		70,000		
			210,000	210,000		
5	1	前月繰越	70,000		借	70,000

第3節　小口現金

1．小口現金と定額資金前渡法

　通常，企業は小切手により商取引の決済を行いますが，日常的な少額の現金支払いに備えて，ある程度の現金を手許に置いておく必要があります。そこで，**会計係**（経理課）はある程度の金額を見積もり，**小口現金係**（用度係や庶務係，小払係などを用いる場合もある）などにあらかじめ前渡しをしておく方法がとられます。この前渡しの現金を**小口現金**（ペティ・キャッシュ）と言い，その受入れと支払いを処理するために**小口現金勘定**が設けられます。小口現金係に小口現金を渡したときは小口現金勘定の借方に，小口現金係から支払い内容の報告があったときは貸方に記入します。

　小口現金の補給方法には，必要に応じて資金を補給する**随時補給制度**と，資金を前渡しする**定額資金前渡法**（インプレスト・システム）があり，小口現金管理では後者がとられます。なぜなら，この方法ではつねに一定額の小口現金残高が維持されるので，資金管理上有効だからです。インプレスト・システムは，①会計係が1週間または1ヶ月という一定期間に支出されるであろう金額を基準に，あらかじめ定めた金額が記載された小切手を小口現金係に前渡ししておきます。②小口現金係はこの小口現金から交通費，通信費，消耗品費，雑費などの小口の支払いをし，その支払った内容を**小口現金出納帳**に記帳します。③1週間後または1ヶ月後の一定期日に，会計係に支払明細を報

告します。そして，④会計係は，その報告の支払額と同額の小切手を小口現金係に対して振り出して補給します。これにより，一定期間の初めにはつねに一定の金額が保有されることになります。

定 額 資 金 前 渡 法

なお，小口現金係への資金補給にあたっては，一定期間（たとえば1ヶ月）の最後に行う方法と，次の期間の最初に行う方法があります。仮にこの期間が1ヶ月とする場合は，前者は**月末補給制**，後者は**月初補給制**と呼ばれます。

① 資金の前渡し

　　　　（借）小　口　現　金　×××　　（貸）当　座　預　金　×××

② 小口の支払い

小口現金係は小口現金出納帳に記帳しますが，会計係はこの時点では小口現金の詳細な動きを知らないため，仕訳しません。

③ 支払額の定期報告

　　　　（借）通　信　費　　　×××　　（貸）小　口　現　金　×××
　　　　　　　交　通　費　　　×××
　　　　　　　　　　　　　　　⋮

④支払額と同額を補給

　　　　（借）小　口　現　金　×××　　（貸）当　座　預　金　×××

なお，上記③と④の仕訳において，③の減少する小口現金勘定の金額と④の増加する小口現金勘定の金額が同額になることから，小口現金勘定への記入を省略して，次のようにまとめて仕訳することもできます。

　　　　（借）通　信　費　　　×××　　（貸）当　座　預　金　×××
　　　　　　　交　通　費　　　×××
　　　　　　　　　　　　　　　⋮

設例3－8

次の取引について仕訳し，小口現金勘定に記入しなさい。

4月1日 定額資金前渡法により，今月分の小口現金として小切手￥30,000を振り出し，小口現金係に前渡しした。

30日 小口現金係から1ヶ月の支払報告（光熱費￥6,000，通信費￥7,600，交通費￥4,800，雑費￥4,500）を受けた。

30日 上記報告と同額の小切手を振り出して，小口現金を補給した。

4／1	（借）小口現金	30,000	（貸）当座預金	30,000
30	（借）光　熱　費	6,000	（貸）小口現金	22,900
	通　信　費	7,600		
	交　通　費	4,800		
	雑　　　費	4,500		
30	（借）小口現金	22,900	（貸）当座預金	22,900

```
                   小 口 現 金
        4／1  当座預金  30,000 │ 4／30  諸   口  22,900
         30  当座預金  22,900 │
```

※4月30日の仕訳は，支払額の定期報告と支払額の同額補給が同じ日に行われているので，通常，二つの仕訳をまとめて，次のように仕訳します。

4／30	（借）光　熱　費	6,000	（貸）当座預金	22,900
	通　信　費	7,600		
	交　通　費	4,800		
	雑　　　費	4,500		

```
                   小 口 現 金
        4／1  当座預金  30,000 │
```

2．小口現金出納帳

小口現金出納帳とは，小口現金収支の明細を取引発生順に記録するための補助簿です。小口現金係は，収支のつど小口現金出納帳に記入し，一定期間ごとに集計して，会計係へ報告するとともに補給を受けます。

設例3－9

次の取引を小口現金出納帳に記帳し，週末における締切りと資金の補給に関する記入をしなさい。なお，定額資金前渡法がとられており，小口現金係は毎週金曜日の営業時間終了後にその週の支払いを報告し，同日に資金の補給を受けている。

4月4日(月) はがき代 ¥4,600		4月5日(火) タクシー代 ¥2,200
6日(水) お茶代 ¥4,000		7日(木) 新聞代 ¥3,800
8日(金) 文房具代 ¥1,500		

小口現金出納帳

収　入	平成○年		摘　　要	支　出	内　　　訳				残　高
					通信費	交通費	消耗品費	雑　費	
20,000	4	4	前 週 繰 越						20,000
		〃	は が き 代	4,600	4,600				15,400
		5	タ ク シ ー 代	2,200		2,200			13,200
		6	お 茶 代	4,000				4,000	9,200
		7	新 聞 代	3,800				3,800	5,400
		8	文 房 具 代	1,500			1,500		3,900
			合　　　計	16,100	4,600	2,200	1,500	7,800	
16,100		〃	本 日 補 給						
		〃	次 週 繰 越	20,000					
36,100				36,100					
20,000	4	11	前 週 繰 越						20,000

※週末補給ではなく，翌週初め補給の場合は，次のように締め切られます。

収　入	平成○年		摘　　要	支　出	通信費	交通費	消耗品費	雑　費	残　高
			合　　　計	16,100	4,600	2,200	1,500	7,800	
		〃	次 週 繰 越	3,900					
20,000				20,000					
3,900	4	11	前 週 繰 越						3,900
16,100		〃	本 日 補 給						20,000

第4節　銀行勘定調整表

　これまで説明した当座預金勘定を用いた様々な処理方法について，企業側の当座預金勘定の残高と銀行側の当座預金口座の残高が一致するという前提で話しを進めてきました。しかしながら実際には，企業帳簿の**当座預金勘定残高**と銀行の**残高証明書残高**が一致しないこともしばしばであることから，その不一致の原因を究明し，訂正する必要があります。この際，企業側と銀行側との記録を照合し，正しい処理を行っていく調整過程を明らかにするために**銀行勘定調整表**が作成されます。
　そしてこの不一致の原因としては，以下のものがあげられます。
① 記帳することを忘れていたり（**未記帳**），当座取引があったにもかかわらず，その連絡が銀行から企業に届いていない。（**連絡未達**）
② 企業の記帳した金額が間違っていた。（**誤記入**）
③ 小切手を振り出し，そのことを記帳したが，取引先などにまだ小切手を渡していない。（**未渡小切手**）
④ 取引先などが振り出した小切手を銀行に預け入れ，代金の取り立てを依頼したが，銀行はまだ取り立てていない。（**未取立小切手**）
⑤ 取引先などに振り出した小切手を，その取引先が銀行に持ち込んでいないため，まだ決済されていない。（**未取付小切手**）
⑥ 銀行の営業時間終了後の入金であった。（**時間外預入**）

　銀行勘定調整表を作成するのは，これらの事象が起こった場合ですが，作成の前に**修正仕訳**をしなければなりません。それでは，上記の①〜⑥の仕訳の仕方について，例をあげてみてみましょう。
① ただ記帳していないだけなので，通常どおり仕訳し，記帳する。
② 水道代¥5,000を支払ったにもかかわらず，誤って¥4,500と記帳してしまった。このような場合は，ⓐ誤った仕訳と逆の仕訳をした後，ⓑ正しい仕訳をする。この二つの仕訳からⓒ修正仕訳を導き出す。

　　ⓐ（借）当　座　預　金　　　4,500　　（貸）水道光熱費　　　4,500
　　ⓑ（借）水道光熱費　　　　　5,000　　（貸）当　座　預　金　5,000
　　　　　　　　　　　　　　　⇩
　　ⓒ（借）水道光熱費　　　　　　500　　（貸）当　座　預　金　　500

③ ②ⓐのように誤った仕訳と逆の仕訳をする。ここで注意しなければならないことは，買掛金などの負債の支払いのために振り出した小切手が未渡しの場合は逆仕訳で処理されるが，費用の支払いのために振り出した小切手が未渡しの場合には，**未払金勘定で処理する**ということである。

　なお，④〜⑥は時間差での不一致なので，修正仕訳の必要なし。

　以上のように，企業の当座預金勘定残高と銀行の残高証明書残高の不一致の原因が判明し，修正仕訳を行うことで，企業側の未処理事項や誤記入を修正することができました。しかし，これで両

残高の不一致が完全に解消されたとは言えません。なぜなら、④，⑤および⑥は時間の経過とともに解消されるものですが，その前に決算日が迫った場合があるからです。ここでいよいよ銀行勘定調整表の出番です。そしてこの銀行勘定調整表の作成方法としては次の三つがあげられます。

① **両者区分調整法**
　　修正仕訳が必要なものは企業の当座預金勘定残高に加減し，修正仕訳が必要のないものは銀行の残高証明書残高に加減することによって，両者の残高を一致させる。

② **企業残高基準法**
　　企業の当座預金勘定残高を不一致の原因に基づいて加減算し，銀行の残高証明書の残高に一致させる。

③ **銀行残高基準法**
　　銀行の残高証明書残高を不一致の原因に基づいて加減算し，企業の当座預金勘定残高に一致させる。

設例3－10

企業の当座預金勘定残高は¥325,000，銀行の残高証明書残高は¥337,500であったため，不一致の原因を調べたところ，次のことが判明した。

a．水道代¥5,000を支払ったが，誤って¥500と記帳してしまった。
b．得意先の名古屋商店から売掛金¥30,000が当座預金に振り込まれていたが，その旨が通知されていなかったため，未記入であった。
c．広告宣伝費¥20,000を支払うために小切手を振り出したが，未渡しであった。
d．仕入先の東京商店に渡していた小切手¥13,000がまだ引き落とされていなかった。
e．夜間金庫に預け入れた現金¥46,000が，銀行では翌日の入金となっていた。

企業において必要な修正仕訳を示し，銀行勘定調整表を作成しなさい。

＜修正仕訳＞

a．	（借）水道光熱費	4,500	（貸）当座預金	4,500
b．	（借）当座預金	30,000	（貸）売掛金	30,000
c．	（借）当座預金	20,000	（貸）未払金	20,000
d．	修正仕訳なし			
e．	修正仕訳なし			

(1) 両者区分調整法で銀行勘定調整表を作成

銀行勘定調整表 （単位：円）

当座預金勘定残高		325,000	銀行残高証明書残高	337,500
（加算）			（加算）	
売掛金回収	30,000		翌日付預入	46,000
未渡小切手	20,000	50,000		
（減算）			（減算）	
誤記入		4,500	未取付小切手	13,000
調整残高		370,500	調整残高	370,500

(2) 企業残高基準法で銀行勘定調整表を作成

銀行勘定調整表　　（単位：円）

当座預金勘定残高		325,000
（加算）		
売掛金回収	30,000	
未渡小切手	20,000	
未取付小切手	13,000	63,000
		388,000
（減算）		
誤記入	4,500	
翌日付預入	46,000	50,500
銀行残高証明書残高		337,500

(3) 銀行残高基準法で銀行勘定調整表を作成

銀行勘定調整表　　（単位：円）

銀行残高証明書残高		337,500
（加算）		
翌日付預入	46,000	
誤記入	4,500	50,500
		388,000
（減算）		
未取付小切手	13,000	
売掛金回収	30,000	
未渡小切手	20,000	63,000
当座預金勘定残高		325,000

練習問題

1．次の取引について仕訳しなさい。
　(1) 鳥取商店から売掛金の回収として，送金小切手￥250,000を受け取った。
　(2) 島根商店に対する買掛金￥200,000のうち，￥50,000は以前受け取っていた岡山商店が振り出した小切手￥50,000で支払い，残額は小切手を振り出して支払った。
　(3) 山口商店に対する買掛金￥160,000を，小切手を振り出して支払った。なお，当座預金勘定の残高は￥90,000であり，銀行とは借越限度額￥300,000の当座借越契約を結んでいる。ただし，二勘定制により仕訳すること。
　(4) 現金の実際残高が帳簿残高より￥80,000多かったので，かねて現金過不足勘定で処理していたが，その後原因を調査したところ，受取手数料￥50,000と交通費￥10,000の記帳漏れであることが判明した。なお，残額については，その原因がわからなかった。
　(5) 決算日現在，買掛金￥260,000と手数料￥100,000の支払いのために振り出した小切手が，相手先に未渡しであることが判明した。なお，会計上，支払済として処理されている。
　(6) 月末において，小口現金係より交通費￥7,000，通信費￥4,000，文房具代￥5,500を支払った報告を受け，ただちに同額の小切手を振り出して補給した。なお，当店は以前から定額資金前渡制度を採用している。

仕　訳

	借方科目	金額	貸方科目	金額
(1)				
(2)				
(3)				
(4)				
(5)				
(6)				

2．当店の決算日現在の当座預金勘定の残高は￥550,000であり，同日付けの銀行残高証明書の残高は￥548,000であった。両者の不一致の原因を調べたところ，以下のことが判明した。よって，期末修正仕訳を示したうえで，銀行勘定調整表を作成しなさい。ただし，仕訳が不要の場合には「仕訳なし」と記入すること。
　(1) 売掛金の回収として小切手￥150,000を受け取り，ただちに当座預金に預け入れたが，銀

行では翌日付で入金の記帳をした。
(2) 仕入先に対する買掛金の支払いとして振り出した小切手¥120,000が，まだ取り付けられていなかった。
(3) 得意先から売掛代金¥300,000が当座預金口座に振り込まれていたが，その通知が当社に未達であった。
(4) 保険料の支払いで振り出した小切手¥43,000が，支払先に渡されていなかった。
(5) 通信費¥35,000が当座預金口座から引き落とされていたが，当店では未記入であった。
(6) 得意先から振り出され，銀行に預け入れた小切手¥100,000が，まだ取り立てられていなかった。
(7) 口座振替で広告宣伝費¥420,000が支払われたとき，当店では¥240,000と間違って記帳していた。

修正仕訳

	借方科目	金額	貸方科目	金額
(1)				
(2)				
(3)				
(4)				
(5)				
(6)				
(7)				

銀行勘定調整表　　　　　　　　　　（単位：円）

当座預金勘定残高　（　　　）	銀行残高証明書残高　（　　　）
加算：	加算：
(　　　)(　　　)	(　　　)(　　　)
(　　　)(　　　)(　　　)	(　　　)(　　　)(　　　)
減算：	減算：
(　　　)(　　　)	(　　　)　　　(　　　)
(　　　)(　　　)(　　　)	
調整残高　　(　　　)	調整残高　　(　　　)

第4章　商品売買

第1節　分記法と3分法

　簿記においては，商品売買取引の主たる記帳方法として分記法，3分法があります。また，この他にも総記法というものもあります。ここでは，主に分記法，3分法について解説します。

1．分記法

　分記法とは，商品勘定（資産の勘定），商品売買益勘定（あるいは商品販売益勘定）（収益の勘定）を用いて処理する方法です。分記法を用いた場合，商品を購入したとき（仕入時）には商品という資産の勘定を増加させる仕訳（借方記入）をします。また，商品を取引先に販売したとき（売上時）には，その仕入原価に相当する金額を商品勘定を介して減少させる仕訳（貸方記入）をします。そして，商品販売時に仕入原価と販売価格との差額を売買益として商品売買益勘定を用い貸方に記入します。たとえば，商品￥30,000を現金で購入した場合には次のような仕訳になります。

　　　　　　（借）商　　　品　　30,000　　　　（貸）現　　　金　　30,000

　続いて，仕入れた商品全部を￥35,000で販売し，代金は全額現金で受け取った場合には，以下のように仕訳をします。

　　　　　　（借）現　　　金　　35,000　　　　（貸）商　　　品　　30,000
　　　　　　　　　　　　　　　　　　　　　　　　　　商品売買益　　 5,000

　分記法を用いた場合，取り扱う商品がそれほど多くない場合，商品の購入から販売までの一連の流れが容易に把握することができます。また，商品の現在有高もすぐに把握でき，商品売買益勘定を見ればその時点での利益額がわかります。しかしながら，分記法は売り上げがあるごとに，その商品ごとに仕入原価を調べ，商品売買益を計算しなければならず，商品の種類が多く，大量に売買される場合には煩雑になってしまいます。そのため，分記法は比較的商品の種類が少ない場合にそのメリットがいかされる記帳方法と言えます。一般的には，多くの種類の商品を，多く売買する場合を想定して広く用いられている方法が次に説明する3分法です。

2．3分法

　3分法は，商品の種類が多くなり，その量も多くなったときにその商品売買取引を記帳する方法として有効です。
この方法では，仕入勘定（費用の勘定），売上勘定（収益の勘定），繰越商品勘定（資産の勘定）の3つの勘定を用いて仕訳します。3分法を用いた場合，商品を購入したとき（仕入時）には仕入勘

定という費用の勘定を増加させる仕訳（借方記入）をします。また，商品を取引先に販売したとき（売上時）には，売上勘定を用いて収益の勘定を増加させる仕訳（貸方記入）をします。また，仕入れの際に商品の運賃や運送保険料など仕入に伴って発生した付随費用（仕入諸掛という）が発生する場合があります。この場合，仕入れた側が負担する場合には仕入諸掛としてこれらの費用も仕入時の仕入原価に含めて借方記入します（販売した側が負担する場合は，一時立替金勘定などの資産勘定を用いて処理します）。同様に，商品を販売した場合に販売した側が付随費用を支払う場合には発送費勘定（費用の勘定）を用い，借方記入します。

　たとえば，1個の単価が¥300の商品100個を現金で購入した場合には次のように仕訳をします（便宜上，仕訳の①とします。以下同様に②，③と続きます）。

　　　　　①（借）仕　　　　入　　30,000　　　　（貸）現　　　　金　　30,000

　続いて，仕入れた商品100個のうち80個を1個当たり¥50のもうけを加えて¥350で販売し，代金は全額現金で受け取った場合には，以下のように仕訳をします。

　　　　　②（借）現　　　　金　　28,000　　　　（貸）売　　　　上　　28,000

　さて，上記2つの仕訳の場合，商品を仕入れて期末に残ったものが在庫として残ることになります。この在庫を期末商品有高として記入する勘定が繰越商品勘定です。すなわち，決算日（期末）となり，当期で販売されなかった商品（3分法で仕入勘定で仕入れた商品）を繰越商品勘定に振り替える仕訳をします。上記の2仕訳に続いて例として仕訳をすると，未販売の商品が20個残っているので（仕入原価は¥300），次の通りとなります。

　　　　　③（借）繰 越 商 品　　6,000　　　　（貸）仕　　　　入　　6,000

　繰越商品¥6,000は，次期への繰越商品となり，このような処理をすることによって，仕入勘定には当期に販売した80個の商品の仕入原価¥24,000（¥300×80個）が売上原価となります。このような処理を行うのは，3分法では分記法と違い，期末に一括して商品の販売益（売上総利益という）を計算するためです。すなわち，**売上総利益　＝　（純）売上高　－売上原価**　となります。3分法についてT勘定で示すと以下のようになります。

仕　　　入				売　　　上	
① 現金	30,000	③ 繰越商品	6,000	② 現金	28,000

繰越商品	
③ 仕入	6,000

　仕入勘定においては，①の仕訳で仕入れ，③の仕訳で繰越商品勘定に振り替える仕訳をしていますから仕入勘定で差額が計算され売上原価¥24,000が計算できることがわかります。また，繰越商品勘定では¥6,000が次期へ繰り越されます。次期においては，前期からの繰越商品（前期繰越）として期首に把握されることとなります。

　以上から，売上原価は，**売上原価　＝　期首商品棚卸高　＋　当期（純）仕入高　－　期末商品棚卸高**

という計算式で求めることができます。この点，補足すると，上記の計算例は前期からの繰越商品の繰越高がない場合，すなわち期首商品棚卸高が0ということになります。したがって仕訳で示すと前期の繰越商品が次の通りということになります。

(借) 仕　　入　　　　0　　　(貸) 繰越商品　　　　0

さて，この当期の繰越商品¥6,000は，次期において期首の商品棚卸高（期首の在庫）となります。この場合，次期において仕入勘定で売上原価を計算する際には次の仕訳を行うことになります。

(借) 仕　　入　　6,000　　(貸) 繰越商品　　6,000

次に，上記では前期からの繰越商品の繰越高がない場合の売上原価の計算をしました。しかしながら継続企業の場合，前期からの在庫(繰越商品)がないまま繰り越されること，すなわち期首商品棚卸高が0ということは稀で，商品が前期から繰り越されてくるのが普通です。この場合についてもふれておきましょう【関連12章】。

前期からの繰越商品がある場合に売上原価を計算するための仕訳ですが，ここでは仕入勘定で売上原価を計算する方法を上記の繰越商品が0の場合に加えた形にして見ていきます。

次の繰越商品勘定を見ると，前期からの繰越商品が借方に¥2,000であることがわかります。ここで売上原価を計算するために期首商品棚卸高（繰越商品勘定の前期繰越額¥2,000）を繰越商品勘定の借方から仕入勘定の借方に振替え，次の通りとなります（勘定記入したのが斜字の部分）。

(借) 仕　　入　　2,000　　(貸) 繰越商品　　2,000

	繰越商品				仕　入	
前期繰越	2,000	*仕　入*	*2,000*	×× ×	30,000	
				繰越商品	*2,000*	

次に，期末の商品棚卸高（¥6,000としています）を仕入勘定から差し引いて，繰越商品勘定に振替えます。こうすることにより，仕入勘定の額は販売した商品の売上原価を示すことになります。そして，繰越商品勘定の残額は期末の次期に繰り越す額を示すことになります。その仕訳は，次の通りとなります（勘定記入したのが斜字の部分）。この結果，売上原価は¥26,000となることがわかります。

(借) 繰越商品　　6,000　　(貸) 仕　　入　　6,000

	繰越商品				仕　入		
前期繰越	2,000	仕　入	2,000	×× ×	30,000	*繰越商品*	*6,000*
仕　入	*6,000*			繰越商品	2,000		

3．仕入帳

仕入帳は仕入取引の明細を記録するための帳簿であり補助簿に分類されます。仕入帳の記入は次のような手順で行われます。

① 仕入れをしたときには，日付，仕入先名，代金の支払方法（小切手，掛け払いなのかなど），品名，数量，単価，合計金額を記入します。仕入諸掛がある場合には記入します。

② 仕入値引，仕入戻しがあったときには朱書（赤字）します。
③ 仕入帳を締め切るときは，仕入値引，仕入戻しがあったときには朱書（赤字）し，総仕入高から仕入値引，仕入戻し高を差し引いて純仕入高を記入します。

以上から，実際の仕入帳の例を示すと以下のようになります。なお，太字部分は朱書の部分を表します。

仕　入　帳

平成○年		摘　　　要	内　訳	金　額
5	1	札幌商店　　　　　　　　　　掛		
		甲商品　100個　@¥50	5,000	
		引取費現金払い	200	5,200
	10	札幌商店　　　　　　　　掛値引き		
		甲商品　　5個　@¥50		**250**
	31	総仕入高		5,200
	〃	**仕入値引戻し高**		**250**
		純仕入高		4,950

4．売上帳

売上帳は売上取引の明細を記録するための帳簿であり補助簿と分類されます。売上帳の記入も次のような手順で行われます。

① 商品を売り上げたときには，日付，売上先名，代金の受取方法（小切手，掛け払いなのかなど），品名，数量，単価，合計金額を記入します。
② 売上値引，売上戻しがあったときには朱書（赤字）します。
③ 売上帳を締め切るときは，売上値引，売上戻しがあったときには朱書（赤字）し，総売上高から売上値引，売上戻し高を差し引いて純売上高を記入します。

以上から，実際の売上帳の例を示すと以下のようになります。なお，太字部分は朱書の部分を表します。

売　上　帳

平成○年		摘　　　要	内　訳	金　　額
6	3	旭川商店　　　　　　　　　　　掛		
		乙商品　　90個　　@¥60		5,400
	15	旭川商店　　　　　　　　　掛値引		
		乙商品　　5個　　@¥60		300
	31	総売上高		5,400
	〃	売上値引戻り高		300
		純売上高		5,100

5．商品有高帳

　商品有高帳は，商品を仕入し販売するごとにその数量，単価，金額を記録し，その商品の在庫状況を表す帳簿（補助簿）です。すなわち，商品の在庫を帳簿上正確に把握するには商品別に商品有高帳を作成して記入する必要があります。商品有高帳の作成に際しては，商品の種類別に作成することになります。そして，商品の仕入時には受入欄に，売上時には払出欄に記入します。この際，それぞれ，数量，単価，金額を記入しその都度ごとに残高を残高欄に記入します。

　次に，商品有高帳を作成するのに重要になるのが払出単価の計算です。商品有高帳においては，商品の受入および払出は仕入原価で行われますが，同一の商品でも仕入れの時期や，仕入先の違い，海外からの商品などの場合は為替レートの影響などもあり，仕入単価が安定せず単価が異なる場合がよくあります。この場合，商品の払出時に，どの仕入単価を払出単価にするか前もって決定しなければなりません。その方法には，先入先出法，移動平均法，総平均法などがあります。本書では先入先出法，移動平均法について見ていきます。

(1) 先入先出法

先に仕入れた商品から先に販売したとして商品有高帳に記入していく方法を先入先出法と言います。実際には，仕入単価が異なる商品を仕入（受入）した場合にはこれらを縦に並べて記入しカッコでくくります。また，仕入単価が異なるものを，同時に払出した場合で異なる単価の商品が残った場合も同様にくくります。

具体的に，例題で商品有高帳を作成してみましょう。

① 8月1日　前月繰越　数量 50 個　単価¥120
② 8月5日　仕　入　数量 100 個　単価¥140
③ 8月10日　売　上　数量 120 個　単価¥200
④ 8月20日　仕　入　数量 60 個　単価¥150
⑤ 8月25日　売　上　数量 70 個　単価¥210

以上の取引があったとすると，先入先出法による商品有高帳は以下のようになります。

商　品　有　高　帳

（先入先出法）

平成○年		摘　要	受　入			払　出			残　高		
			数量	単価	金　額	数量	単価	金　額	数量	単価	金　額
8	1	前月繰越	50	120	6,000				50	120	6,000
	5	仕　入	100	140	14,000				{ 50	120	6,000
									100	140	14,000
	10	売　上				{ 50	120	6,000			
						70	140	9,800	30	140	4,200
	20	仕　入	60	150	9,000				{ 30	140	4,200
									60	150	9,000
	25	売　上				{ 30	140	4,200			
						40	150	6,000	20	150	3,000
	31	次月繰越				20	150	3,000			
			210		29,000	210		29,000			
9	1	前月繰越	20	150	3,000				20	150	3,000

8月31日に次月繰越として，次期に繰り越す数量，単価，金額を朱書（表中太字部分に該当）します。そして，受入欄および払出欄の数量，金額の合計が一致するのを確かめたうえで締め切ります。

(2) 移動平均法

仕入単価が異なる商品を仕入れるごとにそれらの平均単価を計算し，以降販売した時の払出単価とする方法を移動平均法といいます。その方法は単価が異なる商品を仕入れるたびにその直前の残高欄の金額と仕入金額の合計を，同じく残高欄の数量と仕入数量の合計で割って平均単価を計算し

ます。平均単価は以下のよう計算されます。

$$平均単価 = \frac{残高金額 + 受入金額}{残高数量 + 受入数量}$$

移動平均法も，例題で商品有高帳を作成してみましょう。
① 10月 1 日　前月繰越　数量 50 個　単価￥120
② 10月 6 日　仕　　入　数量150 個　単価￥140
③ 10月12日　売　　上　数量120 個　単価￥200
④ 10月18日　仕　　入　数量 80 個　単価￥145
⑤ 10月24日　売　　上　数量100 個　単価￥210

以上の取引があったとすると，移動平均法による商品有高帳は以下のようになります。

商 品 有 高 帳

(移動平均法)

平成△年		摘　要	受　入			払　出			残　高		
			数量	単価	金　額	数量	単価	金　額	数量	単価	金　額
10	1	前 月 繰 越	50	120	6,000				50	120	6,000
	6	仕　　　入	150	140	21,000				200	135	27,000
	12	売　　　上				120	135	16,200	80	135	10,800
	18	仕　　　入	80	145	11,600				160	140	22,400
	24	売　　　上				100	140	14,000	60	140	8,400
	31	次 月 繰 越				60	140	8,400			
			280		38,600	280		38,600			
11	1	前 月 繰 越	60	140	8,400				60	140	8,400

このうち，10月 6 日の受入後の平均単価は $\frac{￥6,000 + ￥21,000}{50個 + 150個} = @￥135$　となり，同じく10月18日の受入後の平均単価は $\frac{￥10,800 + ￥11,600}{80個 + 80個} = @￥140$　となります。

練習問題

次の仕入帳と売上帳に基づき，先入先出法によって商品有高帳を作成し帳簿を締め切りなさい。

仕 入 帳

平成○年		摘　　　要	内　訳	金　額
4	7	岡山商店　　　　　小切手		
		S商品　100個　@¥50		5,000
	20	島根商店　　　　　掛		
		S商品　50個　@¥55		2,750
	30	総仕入高		7,750
	〃	仕入値引戻し高		0
	〃	純仕入高		7,750

売 上 帳

平成○年		摘　　　要	内　訳	金　額
4	12	山口商店　　　　　掛		
		S商品　120個　@¥80		9,600
	22	鳥取商店　　　　　掛		
		S商品　60個　@¥85		5,100
	25	鳥取商店　　　　掛売上戻り		
		S商品　5個　@¥85		425
	30	総売上高		14,700
	〃	売上値引戻り高		425
		純売上高		14,275

商 品 有 高 帳

（先入先出法）

平成○年		摘　要	受入			払出			残高		
			数量	単価	金額	数量	単価	金額	数量	単価	金額
4	1	前月繰越	40	45	1,800				40	45	1,800
	7	岡山商店	100	50	5,000				40	45	1,800
									100	50	5,000
	12	山口商店				40	45	1,800			
						80	50	4,000	20	50	1,000
	20	島根商店	50	55	2,750				20	50	1,000
									50	55	2,750
	22	鳥取商店				20	50	1,000			
						40	55	2,200	10	55	550
	25	鳥取商店戻り	5	55	275				15	55	825
	30	次月繰越				15	55	825			
			195		9,825	195		9,825			
5	1	前月繰越	15	55	825				15	55	825

第5章　売掛金・買掛金

第1節　売掛金勘定と買掛金勘定

　商品を掛け（商品の受渡しのときには代金の受払いは行わず，後日に決済を行うこと）で売買することが一般に行われています。このような取引を信用取引と言います。商品を掛けで売渡した場合が**売掛金**であり，これは将来，商品代金を回収できる権利（債権）です。商品を掛けで仕入れた場合が**買掛金**であり，こちらは将来，商品代金を支払わなければならない義務（債務）です。掛取引により発生した売掛金・買掛金は，売掛金勘定（資産）と買掛金勘定（負債）で処理します。売掛金が発生したときには売掛金勘定の借方に記入し，買掛金が発生したときには買掛金勘定の貸方に記入します。

　　　　掛け売渡し　　　　　　（借）売　掛　金　×××　　　（貸）売　　　　上　×××
　　　　掛け仕入れ　　　　　　（借）仕　　　　入　×××　　　（貸）買　掛　金　×××

　また，売掛金の代金が回収されたときには売掛金勘定の貸方に記入し，買掛金の代金を支払ったときには買掛金勘定の借方に記入します。

　　　　売掛金の現金決済　　　（借）現　　　　金　×××　　　（貸）売　掛　金　×××
　　　　買掛金の現金決済　　　（借）買　掛　金　×××　　　（貸）現　　　　金　×××

　なお，両勘定とも商品売買取引において生じた債権・債務を処理する勘定であり，それ以外の取引，たとえば備品を売却した場合に代金を後日受け取る債権であれば未収金勘定で処理し，備品を購入した場合に代金を後日支払う債務であれば未払金勘定で処理します。

第2節　人名勘定

　取引先が複数ある場合に，これらの掛取引をひとつの売掛金勘定・買掛金勘定で処理すれば，売掛金・買掛金の総額は把握できますが，個々の取引先ごとの売掛金・買掛金の有高は知ることができません。その不便をなくすためには，売掛金勘定・買掛金勘定の代わりに，得意先や仕入先の商店名などを勘定科目に用いた処理が行われることがあります。これらの勘定を**人名勘定**と言います。

設例5－1

岡山商店へ商品￥100,000を掛売りした。

　　　　　　　　（借）岡 山 商 店　100,000　　　（貸）売　　　　上　100,000

設例5－2

広島商店から商品￥50,000を掛けで仕入れた。

　　　　　　　　（借）仕　　　　入　 50,000　　　（貸）広 島 商 店　 50,000

　しかし取引先の数が多くなると，総勘定元帳上に多数の人名勘定を設けることになり，記帳処理上とても煩雑になってしまいます。そこで今日では，主要簿では売掛金勘定・買掛金勘定を用いながら，補助簿として得意先および仕入先ごとに人名勘定を設けて管理する方法が一般的です。

第3節　得意先元帳と仕入先元帳

　総勘定元帳に売掛金勘定・買掛金勘定を設けて売掛金・買掛金の総額を明らかにするとともに，**得意先元帳**（売掛金元帳）と**仕入先元帳**（買掛金元帳）という補助簿を作成して取引先ごとの人名勘定の有高を示します。このように得意先元帳と仕入先元帳を設けた場合の売掛金勘定・買掛金勘定は，人名勘定の有高を総括して示すものであるから，**統制勘定**と呼ばれます。売掛金勘定と得意先元帳との関係を具体的な設例を用いて示してみます。

設例5－3

5月2日　　横浜商店に商品￥38,000を掛売りした。
5月9日　　埼玉商店に商品￥55,000を掛売りした。
5月20日　　横浜商店より売掛金のうち￥40,000を現金で回収した。
5月25日　　埼玉商店より売掛金のうち￥50,000を同店振出の小切手で回収し，当座預金に預け入れた。

　　　　　5月2日　　（借）売　掛　金　38,000　　（貸）売　　　　上　38,000
　　　　　5月9日　　（借）売　掛　金　55,000　　（貸）売　　　　上　55,000
　　　　　5月20日　（借）現　　　金　40,000　　（貸）売　掛　金　40,000
　　　　　5月25日　（借）当 座 預 金　50,000　　（貸）売　掛　金　50,000

総 勘 定 元 帳

売　掛　金

5/1 前月繰越	25,000	5/20 現　　金	40,000
5/2 売　　上	38,000	5/25 当座預金	50,000
5/9 売　　上	55,000	5/30 次月繰越	28,000
	118,000		118,000

得 意 先 元 帳

横 浜 商 店　　　　得 1

5/1 前月繰越	10,000	5/20 現　　金	40,000
5/1 売　　上	38,000	5/30 次月繰越	8,000
	48,000		48,000

埼 玉 商 店　　　　得 2

5/1 前月繰越	15,000	5/25 当座預金	50,000
5/9 売　　上	55,000	5/30 次月繰越	20,000
	70,000		70,000

買掛金勘定と仕入先元帳の関係を具体的な設例を用いて示してみます。

設例 5 － 4

　5月10日　千葉商店から商品￥35,000を掛けで仕入れた。
　5月15日　宇都宮商店から商品￥48,000を掛けで仕入れた。
　5月25日　千葉商店に買掛金￥30,000を現金で支払った。
　5月30日　宇都宮商店に買掛金￥50,000を小切手を振り出して支払った。

5月10日	（借）仕　　　　入	35,000	（貸）買　掛　金	35,000
5月15日	（借）仕　　　　入	48,000	（貸）買　掛　金	48,000
5月25日	（借）買　掛　金	30,000	（貸）現　　　　金	30,000
5月30日	（借）買　掛　金	50,000	（貸）当　座　預　金	50,000

総勘定元帳

買　掛　金

5/25 現　　金	30,000	5/1 前月繰越	15,000
5/30 当座預金	50,000	5/10 仕　　入	35,000
5/31 次月繰越	18,000	5/15 仕　　入	48,000
	98,000		98,000

仕　入　先　元　帳

千　葉　商　店　　　仕1

5/25 現　　金	30,000	5/1 前月繰越	5,000
5/31 次月繰越	10,000	5/10 仕　　入	35,000
	40,000		40,000

宇　都　宮　商　店　　　仕2

5/30 当座預金	50,000	5/1 前月繰越	10,000
5/31 次月繰越	8,000	5/15 仕　　入	48,000
	58,000		58,000

　以上のように，総勘定元帳の売掛金勘定の借方合計・貸方合計は，得意先元帳の各勘定の借方合計・貸方合計の総額と一致し，買掛金勘定の借方合計・貸方合計は，仕入先元帳の各勘定の借方合計・貸方合計の総額と一致するのが確認できます。

第4節　返品・値引・割戻

　商品の受渡しが行われ，売買取引が終了した後に返品・値引・割戻が行われることがあります。返品とは，品違いや破損などの理由で商品を返送することを言います。仕入先に返品することを**仕入戻し**と言い，売上先からの返品を**売上戻り**と言います。値引とは，商品の量目不足，品質不良，破損などの理由により代価から控除されることを言います。仕入の場合は**仕入値引**と言い，売上の場合を**売上値引**と言います。割戻とは，一定期間に多額または多量の取引をした取引先に対する返戻を言います。**仕入割戻**と**売上割戻**の二つがあります。

設例5－5

　高松商店は，松山商店へA商品の販売を行っている。6月中の取引は次のとおりである。
　6月3日　A商品100個　単価￥1,000を掛売りした。
　6月9日　5個は品違いのため返品を受けた。
　6月15日　3個に破損がある旨の連絡があり，1個あたり￥200の値引をした。

6月23日　92個に対して1個当たり¥50の割戻を行った。

```
高松商店　6月3日　（借）売　掛　金　100,000　　（貸）売　　　上　100,000
　　　　　6月9日　（借）売　　　上　　5,000　　（貸）売　掛　金　　5,000
　　　　　　　　　（または売上戻り）
　　　　　6月15日　（借）売　　　上　　　600　　（貸）売　掛　金　　　600
　　　　　　　　　（または売上値引）
　　　　　6月23日　（借）売　　　上　　4,600　　（貸）売　掛　金　　4,600
　　　　　　　　　（または売上割戻）
松山商店　6月3日　（借）仕　　　入　100,000　　（貸）買　掛　金　100,000
　　　　　6月9日　（借）買　掛　金　　5,000　　（貸）仕　　　入　　5,000
　　　　　　　　　　　　　　　　　　　　　　　　（または仕入戻し）
　　　　　6月15日　（借）買　掛　金　　　600　　（貸）仕　　　入　　　600
　　　　　　　　　　　　　　　　　　　　　　　　（または仕入値引）
　　　　　6月23日　（借）買　掛　金　　4,600　　（貸）仕　　　入　　4,600
　　　　　　　　　　　　　　　　　　　　　　　　（または仕入割戻）
```

第5節　割　　引

　割引とは，売掛金・買掛金を予定していた支払期日前に決済が行われた場合に，その売上代金・仕入代金の一定割合を減額することであります。支払期日前に決済するわけですから，その減額分は短縮期間に対応する利息相当額を意味します。割引には**売上割引**と**仕入割引**があります。

設例5－6
　8月1日　福岡商店は熊本商店に商品¥100,000を掛売りした。支払期日は30日後で，10日以内に支払えば，2％の割引を行う約定がある。
　8月9日　福岡商店は熊本商店より上記商品の代金を現金で受け取り，割引をした。

```
福岡商店　8月1日　（借）売　掛　金　100,000　　（貸）売　　　上　100,000
　　　　　8月9日　（借）売 上 割 引　　2,000　　（貸）売　掛　金　100,000
　　　　　　　　　　　　現　　　金　 98,000
熊本商店　8月1日　（借）仕　　　入　100,000　　（貸）買　掛　金　100,000
　　　　　8月9日　（借）買　掛　金　100,000　　（貸）仕 入 割 引　　2,000
　　　　　　　　　　　　　　　　　　　　　　　　　　　現　　　金　 98,000
```

第6節　貸倒れと貸倒損失，見積りと貸倒引当金

　得意先の倒産などによって売掛金などの債権が回収できなくなることがあります。これを貸倒れ[注]と言います。売掛金が貸倒れになった場合は，その金額を売掛金勘定の貸方に記入して売掛金を減額させるとともに，貸倒損失勘定（費用）の借方に記入します。

　　　売掛金の貸倒　　（借）貸倒損失　×××　　（貸）売　掛　金　×××

　売掛金などの債権の期末勘定残高は，次期以降に貸倒れになる危険性があるので，決算においてはその貸倒れの予想額を見積り，その見積額を費用として計上します。
　売掛金の場合を考えると，貸倒れを予想した売掛金は実際にはまだ貸倒れになっていないので，売掛金勘定を直接減額することはできません。このため貸倒引当金勘定を設けてその貸方に記入し，それとともにその金額を**貸倒引当金繰入勘定の借方に記入してその期の費用とします。**

決算日に売掛金の貸倒れを見積ったとき
　　　　　　　（借）貸倒引当金繰入　×××　　（貸）貸 倒 引 当 金　×××

　貸倒引当金が設定され，次期に実際に売掛金の貸倒れが発生したときは，その貸倒引当金の範囲内であれば貸倒引当金勘定の借方に記入し，売掛金勘定の貸方に記入します。設定した貸倒引当金を超える場合は，その超えた金額を貸倒損失の借方に記入します。

設例5－7
　3月31日　決算日になり，期末の売掛金残高￥500,000に対して3％の貸倒引当金を設定する。
　4月25日　名古屋商店の売掛金￥10,000が同店の倒産により回収不能になった。
　5月20日　岐阜商店の売掛金￥8,000が同店の倒産により回収不能になった。

注　なお，貸倒損失の発生には，次のような三つの場合があります。（法人税法基本通達9－6－1～3）
① 　金銭債権が切り捨てられた場合
　　会社更生法，民事再生法，会社法の特別清算規定などが適用され，当方の債権が法律的に切り捨てられる金額。たとえば，「債務者は債務総額の60％だけ債権者に支払いなさい。残高の40％は払わなくてよい。」との裁判所の決定があったとすると，当方の債権の40％は貸倒損失として処理することになります。また，法律によらない債権者集会の協議決定などにより切り捨てられる金額についても同様の扱いとなります。
② 　金銭債権の全額が回収不能になった場合
　　法律的に債権が消滅したわけではないですが，債権者の資産状況，支払能力などからその全額が回収できないことが明らかになった場合。（ただし，担保物を処分した後）
③ 　一定期間取引停止後弁済がない場合等
　　債務者の資産状況，支払能力が悪化したため取引を停止し1年以上経過しても回収できないとか，取立てに要する費用が債権金額を上回るとか，支払いを督促したが弁済がない場合など。

3月31日	(借)貸倒引当金繰入	15,000	(貸)貸倒引当金	15,000	
4月25日	(借)貸倒引当金	10,000	(貸)売　掛　金	10,000	
5月20日	(借)貸倒引当金	5,000	(貸)売　掛　金	8,000	
	貸倒損失	3,000			

　貸倒引当金の設定方法には，洗替法と差額補充法があります。**洗替法**は貸倒引当金残高を**貸倒引当金戻入勘定（収益）**に振り替え，あらためて当期末の債権に対して貸倒引当金を設定する方法です。**差額補充法**は貸倒引当金の期末残高と当期末の貸倒引当金設定額との差額分だけを補充もしくは戻入れる方法です。

設例5－8

12月31日　決算において，売掛金￥1,000,000に対して3％の貸倒引当金を設定する。なお貸倒引当金の期末残高は￥12,000である。

洗　替　法	(借)貸倒引当金	12,000	(貸)貸倒引当金戻入	12,000	
	貸倒引当金繰入	30,000	貸倒引当金	30,000	
差額補充法	(借)貸倒引当金繰入	18,000	(貸)貸倒引当金	18,000	

　金銭債権について「取立不能のおそれ」がある場合には，金銭債権を次のように3区分して取立不能見込額を算定します。（「金融商品に係る会計基準」参照）

① 　一般債権（経営状態に重大な問題が生じていない債務者に対する債権）……債権全体または同種・同類の債権ごとに，債権の状況に応じて求めた過去の貸倒実績率等合理的な基準により算定。
② 　貸倒懸念債権（経営破綻には至っていないが，債務の弁済に重大な問題のあるまたはその可能性の高い債務者に対する債権）……㋑担保処分見込額や保証による回収見込額を差し引いた残高の貸倒見積高（債務者の財政状態・経営成績を考慮）または㋺キャッシュフローからの合理的見積高によります。
③ 　破産更生債権等（経営破綻に陥っている債務者に対する債権）……債権額から担保処分見込額と保証による回収見込額を差し引いた残高を貸倒見積高とします。
　　以上の算定法が本則ですが，「中小企業の会計に関する指針」では，中小企業の実務に配慮して，法人税法の区分に基づき，㋑一括評価金銭債権，㋺個別評価金銭債権に区分して算定した貸倒引当金繰入限度額基準の採用も認めています。

第7節　償却債権取立益勘定

　過年度に貸倒れとして処理していた売掛金などの債権の全部または一部が，当期になって回収されることがあります。この場合には，回収額を**償却債権取立益**勘定の貸方に記入してその期の収益とします。なお，当期に貸倒れとして処理したものが当期中に回収された場合は，貸倒損失の修正をして償却債権取立益とはしません。

　過年度に処理した貸倒れが，当期に現金で回収されたとき
　　　　　（借）現　　　　　金　×××　　　（貸）償却債権取立益　×××

　当期に処理した貸倒れが，当期中に現金で回収されたとき
　　　　　（借）現　　　　　金　×××　　　（貸）貸　倒　損　失　×××

　本章で取り上げた掛取引を売掛金勘定と買掛金勘定へ記帳すれば，次のようになります。

売　掛　金

債権の発生	債権の消滅
掛けで売渡し	掛けの決済 　（掛代金の受取り） 売渡し商品の返品・値引・割戻・割引 貸倒れ 　①貸倒引当金 　②貸倒損失

買　掛　金

債務の消滅	債務の発生
掛けの決済 　（掛代金の支払い） 仕入れ商品の返品・値引・割戻・割引	掛けで仕入れ

練習問題

1．次の一連の取引について仕訳をしなさい。

7月5日　姫路商店より商品￥100,000を掛けで仕入れた。

7月8日　倉敷商店に商品￥150,000を掛売りした。

7月10日　8日に倉敷商店に販売した商品のうち￥10,000が品違いのため返品され，代金は売掛金から差し引くことにした。

7月12日　5日に姫路商店から仕入れた商品について￥5,000の値引を受け，代金は買掛金から差し引くことにした。

7月25日　倉敷商店より売掛金残高￥140,000を小切手で受け取った。

7月31日　姫路商店へ買掛金残高￥95,000を小切手を振り出して支払った。

2．次の取引について仕訳をしなさい。

（1）決算において，売掛金残高￥1,000,000に対して3％の貸倒引当金を見積った。貸倒引当金の残高は￥15,000であり，設定方法は洗替法による。

（2）得意先の和歌山商店が倒産し，当店に対する売掛金￥20,000が貸倒れとなった。なお，貸倒引当金の残高は￥30,000である。

（3）前期に貸倒れとして処理していた和歌山商店に対する売掛金￥20,000のうち，￥5,000を現金で回収した。

第6章 手形取引

第1節 手形の意味と種類

商品を売買したとき，その代金の決済手段として，現金や小切手のほかに手形が用いられることがあります。手形とは，支払期日や支払場所，支払金額を記載した証券であり，法律上は**約束手形**と**為替手形**に分類されます。簿記上では，これらの手形が債権の発生か，債務の発生かによって**受取手形**と**支払手形**に分類され，受取手形勘定（資産）または支払手形勘定（負債）で処理します。

なお，手形には通常の商取引に基づいて振り出されるもの（**商業手形**）以外にも，金銭の貸借を目的として振り出されるもの（**金融手形**）があります。

第2節 約束手形

約束手形は，手形の振出人（支払人）が名宛人（受取人）に対して一定の期日（満期日）に一定の金額（手形金額）を支払うことを約束する証券です。略して約手とも言います。約束手形の振出しと決済を具体的な設例を用いて示してみます。

設例6−1
8月5日　松江商店は鳥取商店に商品¥200,000を売渡し，代金として鳥取商店振出し，当店宛の約束手形♯10を受け取った。
9月5日　約束手形♯10の満期日となり，取引銀行から入金の通知を受けた。

前記の約束手形の取引を関係図に示して説明します。

　鳥取商店は松江商店から商品を仕入れ，その代金の支払手段として松江商店に約束手形を振り出した。これにより鳥取商店は松江商店に手形代金の支払義務，すなわち手形債務が生じることになります。この手形が満期日に取引銀行（若葉台銀行）で決済されると，支払済通知を受けて手形債務が消滅します。

　　　鳥取商店　　　8月5日（借）仕　　　入　200,000　　（貸）支払手形　200,000
　　　　　　　　　　9月5日（借）支払手形　200,000　　（貸）当座預金　200,000

約束手形の取引の関係図

```
                   ①商品の掛売り
    鳥取商店 ←──────────────── 松江商店
    振 出 人                    名 宛 人
    （支払人）                  （受取人）
         │    ②約束手形の振出し   │
         │ ──────────────────→  │
    ⑦│当         ⑧│③│当
    支│座         取│取│座
    払│取         立│立│取
    済│引         通│依│引
    通│            知│頼│
    知│             │ │
         ↓    ⑤持帰り         ④持出し ↓
    若葉台銀行 ←──── 手形交換所 ────→ 取引銀行
    取引銀行                          （取立銀行）
    （決済銀行）
              ────────────────→
                   ⑥支払い
```

　一方，松江商店は鳥取商店に商品を売り上げ，その代金として鳥取商店振出しの約束手形を受け取った。これにより松江商店は鳥取商店から手形代金を受け取る権利，すなわち手形債権が生じることになります。松江商店は，この手形を取引銀行に取立てに出し，手形交換所を通して決済されると，取立通知を受けて手形債権が消滅します。

　　　松江商店　　　8月5日（借）受取手形　200,000　　（貸）売　　　上　200,000
　　　　　　　　　　9月5日（借）当座預金　200,000　　（貸）受取手形　200,000

第3節　為替手形

　為替手形は，振出人が名宛人（支払人）に対して，一定の期日（満期日）に一定の金額（手形金額）を名指人（受取人）に支払うように依頼した証券です。略して為手（ためて）とも言います。その際，名宛人が手形代金の支払いに同意することを引受と言います。振出人は名宛人に対して債権者であり，名指人に対して債務者の関係になります。

　約束手形の関係者が振出人と名宛人の二者であるのに対して，為替手形の場合は，振出人，名宛人および名指人の通常三者です。しかし，手形関係者が二者の為替手形もあります。これには自己宛為替手形と自己受為替手形があります。為替手形の振出・決済を具体的な設例を用いて示してみます。

設例6－2

7月16日　大阪商店は京都商店に対する買掛金¥250,000の支払いのために，京都商店受け取り，得意先神戸商店宛の為替手形♯15を振り出し，神戸商店に呈示し引受けを得て，京都商店に渡した。

10月16日　京都商店は，取立てを依頼していた上記の為替手形が決済され当座預金口座に入金された旨，取引銀行から通知を受けた。

　設例6－2の為替手形の取引を関係図に示して説明します。大阪商店にとって，京都商店は仕入先であり，神戸商店は得意先（販売先）です。この取引関係において，大阪商店は神戸商店に対して債権（売掛金）が発生し，京都商店に対して債務（買掛金）を負います。一方，京都商店は大阪商店に対して債権（売掛金）が発生し，神戸商店は大阪商店に対する債務（買掛金）を負います。

　大阪商店は京都商店に対する買掛金の決済を行う場合，京都商店に代金を直接支払う代わりに為替手形を振り出して決済することができます。大阪商店は為替手形を振り出すことにより，神戸商店（名宛人）に対する債権（売掛金）に代えて京都商店（名指人）への支払いを依頼するのであります。したがって大阪商店においては，京都商店に対する買掛金が減少すると同時に神戸商店に対する売掛金が減少することになります。

　　　　大阪商店　　7月16日（借）買　掛　金　250,000　　　（貸）売　掛　金　250,000

　京都商店においては，大阪商店に対する売掛金が減少すると同時に神戸商店への手形債権が発生します。

　　　　京都商店　　7月16日（借）受　取　手　形　250,000　　（貸）売　掛　金　250,000

　神戸商店においては，大阪商店への買掛金が減少すると同時に京都商店への手形債務を負うことになります。

　　　　神戸商店　　7月16日（借）買　掛　金　250,000　　　（貸）支　払　手　形　250,000

　京都商店は，この手形を取引銀行に取立てに出し，手形交換所を通して決済されると，取立通知を受けて手形債権が消滅します。

　　　　京都商店　　10月16日（借）当　座　預　金　250,000　　（貸）受　取　手　形　250,000

為替手形の振出しと決済の関係図

一方、神戸商店は、この手形が満期日に取引銀行（六甲台銀行）で決済されると、支払済通知を受けて手形債権が消滅します。なお、大阪商店は、この手形の決済には関係しません。

　　神戸商店　　10月16日　（借）支払手形　250,000　　　（貸）当座預金　250,000

第4節　自己宛為替手形と自己受為替手形

自己宛為替手形とは、振出人が自分を名宛人（支払人）とした為替手形であり、約束手形を振り出して手形金額の支払義務を負うのと同じ効果となります。これは主として、本支店間の送金手形として利用されます。

設例6-3

　東京商店（本店）は、小樽商店に対する買掛金¥55,000の支払いのために、東京商店札幌支店を支払人とする自己宛為替手形を振り出して渡した。

　　東京商店（本店）　　　（借）買　掛　金　55,000　　　（貸）札 幌 支 店　55,000
　　東京商店札幌支店　　　（借）本　　　店　55,000　　　（貸）支 払 手 形　55,000
　　小樽商店　　　　　　　（借）受 取 手 形　55,000　　　（貸）売　掛　金　55,000

自己受為替手形とは、振出人が自分を名指人（受取人）とする為替手形であり、名宛人（支払人）の引受を得た後は振出人が手形債権者となります。これは名宛人から約束手形を受け取るのと同じ効果となります。これは主として、売掛金の回収のため取立手形として利用されます。

設例6-4

金沢商店の売掛金を取り立てるため，同店宛・自己受取の為替手形￥100,000を振り出し，金沢商店の引受けを得た。

　　　　　　　（借）受　取　手　形　100,000　　　（貸）売　掛　金　100,000

第5節　手形の裏書譲渡

約束手形や為替手形の所持人は，商品の仕入代金や買掛金の支払いなどのため，支払期日前に，その手形債権を他人に譲渡することができます。その際に，手形の裏面に署名押印してから譲渡するため，**裏書譲渡**と呼ばれます。手形を譲渡する人を裏書人，譲渡先の第三者を被裏書人と言います。手形を裏書譲渡すれば手形債権が消滅するので，受取手形勘定の貸方に記入し，裏書により手形を受け取ったときには受取手形勘定の借方に記入します。

設例6-5

当店（福井商店）は，岐阜商店に対する買掛金の支払いのため，先に大津商店から受け取った約束手形￥80,000を裏書譲渡した。

　　福井商店　　（借）買　掛　金　80,000　　（貸）受　取　手　形　80,000
　　岐阜商店　　（借）受　取　手　形　80,000　　（貸）売　掛　金　80,000

第6節　手形の割引

約束手形や為替手形の所持人は，資金繰りの都合などから，支払期日前に，その手形債権を銀行などの金融機関に割引料（利息）を支払って買い取ってもらうことがあります。これを**手形の割引**と言います。手形の割引は，裏書譲渡の一形態でもあり，現在広く行われています。金融機関では，割り引いた日から支払期日までの割引料を差し引いた額を入金するのが普通です。手形の割引は，手形代金より低い価額で手形を売却することにより手形債権が消滅するので，受取手形勘定の貸方

に記入し，割引料は**手形売却損**勘定（費用）で処理します。

設例6－6

得意先から受け取った約束手形￥150,000を銀行で割り引き，割引料￥3,000を差引かれた額が当座預金に入金された。

　　　　　　　（借）当 座 預 金　147,000　　　（貸）受 取 手 形　150,000
　　　　　　　　　　手形売却損　　 3,000

裏書手形・割引手形が支払期日に決済されなかったときは，被裏書人・割引を受けた銀行に対して手形代金を支払わなければなりません。これを遡及義務と言います。このように裏書人・割引を受けた者は，偶発債務を負うことになります。偶発債務は受取手形記入帳からも確認することができますが，総勘定元帳に偶発債務を備忘記録することも行われます。実務では裏書手形勘定・割引手形勘定を用いることが多いです。これらを評価勘定と言います。裏書譲渡したときは貸方を受取手形としないで裏書手形とし，割引を受けたときには貸方を割引手形とします。支払期日に決済されたら，それぞれ受取手形勘定と相殺します。貸借対照表には，裏書手形・割引手形を控除した額を受取手形として表示し，これらの偶発債務は注記します。本章で取り上げた手形取引を受取手形勘定と支払手形勘定へ記帳すれば，次のようになります。

受 取 手 形

債権の発生	債権の消滅
手形の受取り 　①約束手形の受取り 　②為替手形の受取り 自己受為手の振出し	満期日における決済 　（手形代金の受取り） 手形の譲渡 　①裏書譲渡 　②割引

支 払 手 形

債務の消滅	債務の発生
満期日における決済 　（手形代金の支払い）	手形の振出し 　①約束手形の振出し 　②自己宛為手の振出し 為替手形の引受け

第7節　手形貸付金と手形借入金

　金銭の貸借を目的として，借用証書の代わりに振り出される手形（金融手形）は，簿記上，商業手形と区分され，受取手形勘定・支払手形勘定を用いないで，**手形貸付金勘定**（または貸付金勘定）・**手形借入金勘定**（または借入金勘定）を用いて処理します。

取引先への融資にあたり，借用証書として約束手形を受け取ったとき
　　　　　　　（借）手形貸付金　×××　　　（貸）現　　　金　×××
　　　　　　　　　（または貸付金）　　　　　　　　受 取 利 息　×××

借入れにあたり，約束手形を振り出して引き渡したとき
　　　　　　　（借）現　　　金　×××　　　（貸）手形借入金　×××
　　　　　　　　　支 払 利 息　×××　　　　　　（または借入金）

第8節　荷為替手形

　遠隔地の取引先に商品を発送したとき，売主が自己の取引銀行を名指人（受取人），買主を名宛人（支払人）とした為替手形を振り出すことが行われます。この手形を売主が，売上代金を早く回収するため，運送業者から受け取った商品の貨物代表証券（貨物引換証や船荷証券など）を担保として取引銀行（これを取組銀行と言う）で割り引いてもらうことがあります。これを荷為替の取組みと言い，このような為替手形を**荷為替手形**と言います。荷為替の取組みは商品代金の70～80％とされるのが普通であり，残額は売掛金で処理をします。しかし，近年，わが国の国内取引においては荷為替手形が使われることはほとんどないようで，主に海外取引において用いられています。荷為替の取組みを具体的な設例を用いて示してみます。

設例6－7
　日本商事はアメリカ商会と輸出契約を締結し，東京海運に商品を引き渡した。商品代金は＄10,000，東都銀行本店で＄8,000の荷為替を取り組んだ。そのときの為替相場は1ドル＝120円であり，割引料￥50,000を差し引かれ手取金を当座預金とした。この荷為替手形の取引を関係図に示して説明します。

荷為替手形の関係図

①② 日本商事は，ニューヨークにあるアメリカ商会と売買契約を締結し，運送業者である東京海運に商品を引き渡し，東京海運から貨物代表証券を受け取ります。

③④ 日本商事は，アメリカ商会を名宛人（支払人）とする為替手形を作成し，貨物代表証券を担保にして売上代金の早期回収のため東都銀行本店（取組銀行）で割り引きます。

⑤ 東都銀行本店は，為替手形と貨物代表証券を取立銀行である海外支店や他の銀行（カルレス銀行）に送付します。

⑥⑦⑧ アメリカ商会は，取立銀行から荷為替手形の呈示を受け，それを引き受けるか手形代金を支払うことによって貨物代表証券を受け取ります。

⑨⑩ アメリカ商会は，商品が到着したら貨物代表証券と引き換えに東京海運から商品を受け取ります。

第9節　受取手形記入帳と支払手形記入帳

　手形に関する債権・債務の明細を記録するために，それぞれ**受取手形記入帳・支払手形記入帳**を補助簿として用います。受取手形記入帳を具体的な設例を用いて示してみます。

設例6－8

　新宿商店の次の取引を仕訳し，受取手形記入帳に記帳する。

10月2日　上野商店に商品￥250,000を売り渡し，当店宛の約束手形＃12（振出日10月2日，振出人　上野商店，支払期日11月30日，支払場所　東都銀行本店）を受け取った。

10月3日　上野商店から受け取った約束手形＃12 ￥250,000を取引銀行で割引き，割引料￥3,000

　　　　日本商事　　（借）当座預金　　910,000　　（貸）売　　上　1,200,000
　　　　　　　　　　　　　手形売却損　　50,000
　　　　　　　　　　　　　売　掛　金　240,000

を差し引かれ，手取金は当座預金とした。

10月8日　品川商店に対する売掛金¥200,000の回収として，為替手形♯20（振出日10月8日，振出人　品川商店，名宛人　代々木商店（引受済み），支払期日12月8日，支払場所　京浜銀行東支店）を受け取った。

10月12日　渋谷商店に商品¥300,000を売り渡し，当店宛の約束手形♯31（振出日10月12日，振出人　渋谷商店，支払期日12月25日，支払場所　東都銀行西支店）を受け取った。

10月15日　渋谷商店から受け取った約束手形♯31を新橋商店からの仕入れ代金¥300,000の支払いのため，裏書譲渡した。

12月8日　取引銀行から，品川商店振出しの為替手形♯20　¥200,000が当座預金に入金された旨，通知があった。

10月2日	（借）受 取 手 形　250,000	（貸）売　　　　上　250,000
10月3日	（借）当 座 預 金　247,000	（貸）受 取 手 形　250,000
	手形売却損　　3,000	
10月8日	（借）受 取 手 形　200,000	（貸）売　掛　金　200,000
10月12日	（借）受 取 手 形　300,000	（貸）売　　　　上　300,000
10月15日	（借）仕　　　　入　300,000	（貸）受 取 手 形　300,000
12月8日	（借）当 座 預 金　200,000	（貸）受 取 手 形　200,000

受取手形記入帳

平成○年		摘要	金額	手形種類	手形番号	支払人	振出人または裏書人	振出日		満期日		支払場所	てん末		
													月	日	摘要
10	2	売上	250,000	約手	12	上野商店	上野商店	10	2	11	30	東都銀行本店	10	3	割引
	8	売掛金	200,000	為手	20	代々木商店	品川商店	10	8	12	8	京浜銀行東支店	12	8	入金
	12	売上	300,000	約手	31	渋谷商店	渋谷商店	10	12	12	25	東都銀行西支店	10	15	裏書譲渡

設例6－9

梅田商店の次の取引を仕訳し，支払手形記入帳に記入する。

10月5日　難波商店から商品¥230,000を仕入れ，代金は約束手形♯16（振出日10月5日，振出人　当店，名宛人　難波商店，支払期日10月31日，支払場所　関西銀行南支店）を振り出して支払った。

10月16日　買掛金のある仕入先　天王寺商店から，為替手形♯25　¥180,000（振出日10月16日，振出人　天王寺商店，名宛人　当店，受取人　京橋商店，支払期日11月30日，支払場所　梅田銀行本店）支払い呈示を受け，これを引き受けた。

10月31日　10月5日に難波商店に振り出した約束手形♯16　¥230,000が支払期日となり，当座預金口座から支払った旨の通知を受けた。

10月 5 日　（借）仕　　入　230,000　　（貸）支払手形　230,000
10月16日　（借）買　掛　金　180,000　　（貸）支払手形　180,000
10月31日　（借）支払手形　230,000　　（貸）当座預金　230,000

支払手形記入帳

平成○年		摘要	金額	手形種類	手形番号	受取人	振出人	振出日		満期日		支払場所	てん末		
													月	日	摘要
10	5	仕　入	230,000	約手	16	難波商店	当　店	10	5	10	31	関西銀行南支店	10	31	支払
	16	買掛金	180,000	為手	25	京橋商店	天王寺商店	10	16	11	30	梅田銀行本店			

練習問題

1．次の取引について各商店の仕訳をしなさい。
 （1）富山商店は長野商店に商品¥250,000を売り渡し，代金として長野商店振出し，当店宛の約束手形を受け取った。
 （2）上記（1）の約束手形が満期日に決済され，長野商店の当座預金口座から富山商店の当座預金口座に入金された。
 （3）仙台商店は福島商店に対する買掛金¥200,000の支払いのために，得意先弘前商店宛，福島商店受取りの為替手形を振り出して，弘前商店の引受けを得て交付した。
 （4）福島商店は，取立てを依頼していた上記（3）の為替手形が決済され当座預金口座に入金された旨，通知を受けた。

2．次の取引について仕訳をしなさい。
 （1）長崎商店から商品¥300,000を仕入れ，代金は得意先佐賀商店から受け取っていた約束手形¥200,000を裏書譲渡し，残額は小切手を振り出して支払った。
 （2）徳島商店は，高松商店から売掛代金として¥400,000の松山商店振出しの約束手形を裏書譲渡された。
 （3）徳島商店は，上記（2）の約束手形を銀行で割引き，割引料¥12,000を差引かれて，残額を当座預金に入金した。

3．次の取引について各商店の仕訳をしなさい。
 （1）山口商店は，福山商店に¥500,000を貸し付け，同額の約束手形を受け取った。なお，利息¥20,000を差し引き，残額を小切手を振り出して支払った。
 （2）山口商店は，上記（1）の約束手形の満期日が到来し，福山商店から現金で返済を受けた。

4．次の取引について仕訳をしなさい。
 （1）新潟商店本店は，出雲商店から商品¥50,000を仕入れ，代金として新潟商店山陰支店を支払人とする自己宛為替手形を振り出して渡した。
 （2）明石商店に対する売掛金を取立てするため，同店宛・自己受取りの為替手形¥80,000を振り出し，明石商店の引受けを得た。
 （3）沖縄商店は，ハワイのホノルル商会より商品の注文を受け輸出契約を結んだ。商品代金は＄5,000であり取引銀行で＄4,000の荷為替を取り組んだ。その時の為替相場は1ドル＝120円であり，割引料¥30,000を差し引かれ手取金を当座預金とした。

5．次の受取手形記入帳および支払手形記入帳に記録された取引の仕訳をしなさい。

受取手形記入帳

平成○年		摘要	金額	手形種類	手形番号	支払人	振出人または裏書人	振出日		満期日		支払場所	てん末		
													月	日	摘要
4	1	売上	100,000	約手	15	米子商店	米子商店	4	1	7	1	××銀行本店	7	1	入金
	10	売掛金	200,000	為手	38	浜田商店	境港商店	4	10	8	10	××銀行××支店	4	15	裏書譲渡
	20	売掛金	150,000	約手	26	安来商店	倉吉商店	4	20	8	20	××銀行××支店			
	25	売上	300,000	約手	32	津和野商店	津和野商店	4	25	6	25	××銀行本店	4	26	割引 (割引料¥6,000)

支払手形記入帳

平成○年		摘要	金額	手形種類	手形番号	受取人	振出人	振出日		満期日		支払場所	てん末		
													月	日	摘要
4	5	仕入	400,000	約手	18	日ノ丸商店	当店	4	5	7	5	××銀行××支店	7	5	支払
	15	仕入	550,000	為手	20	カスミ商店	当店	4	15	7	15	××銀行本店	7	15	支払
	30	買掛金	200,000	為手	46	八幡商店	東栄商店	4	30	8	30	××銀行××支店			

第7章　その他の債権債務

第1節　貸付金と借入金

　第三者へ金銭を貸し付けた場合，貸した側には債権が発生するので，資産勘定である貸付金勘定に借方記入します。また逆に第三者から金銭を借入れた場合，借りた側には債務が発生するので，負債勘定である借入金勘定に貸方記入します。

設例7－1

　仙台商店は弘前商店に現金¥800,000を貸し付け，借用証書を受け取った。

| | 仙台商店 | （借）貸　付　金 | 800,000 | （貸）現　　　　金 | 800,000 |

| | 弘前商店 | （借）現　　　　金 | 800,000 | （貸）借　入　金 | 800,000 |

　金銭の貸し借りに際しては，通常，**借用証書**を作成します。借用証書とは，借りた側が貸した側のために作成する証書で，債務の存在を証すために作成されます。借用証書は債権として譲渡が可能です。貸し付けや借り入れの際，通常は有利子で行われるので，貸した側には受取利息（収益）が，借りた側には支払利息（費用）が生じます。

設例7－2

　仙台商店は弘前商店から貸付金¥800,000の返済を受け，利息¥10,000とともに同商事振出しの小切手で受け取った。

　　　　仙台商店　　（借）現　　　　金　　810,000　　（貸）貸　付　金　　800,000
　　　　　　　　　　　　　　　　　　　　　　　　　　　　　　受　取　利　息　　 10,000
　　　　弘前商店　　（借）借　入　金　　800,000　　（貸）当　座　預　金　　810,000
　　　　　　　　　　　　　支　払　利　息　　 10,000

第2節　前払金（前渡金）と前受金

　商品売買における代金決済として，現金・小切手による決済や掛取引での決済，さらには手形による決済を学習し，その際の簿記処理を学習してきました。これらの取引の特徴は，商品受け渡しが先行して，その後に代金決済や掛の認識，手形の振り出しが後続するところにあります。しかしこうした取引とは逆に，商品代金の全部または一部の決済が先に行われ，その後に商品の受け渡し

が行われることもあります。このような場合の簿記処理を考えてみましょう。

商品の買い手が商品の引取に先立って代金の一部を支払った場合，この支払額を内金と呼びます。このとき商品の買い手が支払った内金は，資産勘定である前払金（前渡金）勘定に借記し，資産が増加したことを記録します。また逆に売り手は，商品の受け渡しをせずに代金の一部を受け取ったために，内金の受け取りを債務の増加と考え，負債勘定である前受金勘定に貸記し，負債増加を記録します。なお前払金勘定は商品の購入のほかに，原材料や貯蔵品の購入においても用いられます。

また内金と手付金は厳密には異なり，買い手が買取りを拒み，商品受け渡しが成立しない場合でも，買い手側がこれを手付金として支払っていれば，その額は買い手に返還されません。このような性質の違いから**手付金**を支払っている場合は，買い手側はその額を資産勘定である**支払手付金**勘定に記録します。逆に，売り手側が手付金を受け取っているにもかかわらず，買い手側に注文した商品の引き渡しを拒んだ場合，売り手側は買い手側に違約金を支払う商慣行があります。

設例 7 − 3

仙台商店は，山口商店に対し商品¥300,000を注文した。その際，仙台商店は内金として¥100,000を山口商店に現金払いしており，これを山口商店は受け取っている。

| 仙台商店 | （借）前　払　金 | 100,000 | （貸）現　　　金 | 100,000 |
| 山口商店 | （借）現　　　金 | 100,000 | （貸）前　受　金 | 100,000 |

設例 7 − 4

仙台商店は，注文していた上記商品¥300,000を山口商店から受け取り，内金を差し引いた残額を掛けとした。

仙台商店	（借）仕　　　入	300,000	（貸）前　払　金	100,000
			買　掛　金	200,000
山口商店	（借）前　受　金	100,000	（貸）売　　　上	300,000
	売　掛　金	200,000		

第3節　未収金と未払金

商品売買において，商品の受け渡しが済んでいるにもかかわらず代金決済が未了の場合，掛を認識することは既に学習しました。しかし株式などの有価証券，建物，備品，消耗品といった商品以外の資産の売却・購入の際に代金決済が未了となった場合，売掛金勘定や買掛金勘定で記録しません。その代わりに用いられるのが未収金勘定（資産勘定）と未払金勘定（負債勘定）です。

代金決済が未了であるという意味では，未収金勘定と売掛金勘定，未払金勘定と買掛金勘定は同じです。しかしこれらを別々に取り扱う必要があるのは，財務会計の役割の中に経営管理目的があり，主たる営業活動で継続的な取引から生じる債権債務と，そうでないものとを区別し，明瞭に表示するためです。このため代金決済が未了であっても，商品売買において生じる代金の未決済は売

掛金・買掛金勘定を用いますが，他方，商品売買以外の取引で生じる代金未決済は未収金・未払金勘定を用います。

設例 7 − 5

仙台商店は，山口商店から中古で営業用車両を買い入れ，代金¥980,000のうち¥400,000は小切手を振り出して支払い，残額は月末に支払うこととした。なお仙台商店および山口商店はともに自動車販売業者ではない。

仙台商店	（借）車両運搬具	980,000	（貸）当座預金	400,000
			未　払　金	580,000
山口商店	（借）現　　　　金	400,000	（貸）車両運搬具	980,000
	未　収　金	580,000		

設例 7 − 6

月末が到来したため，仙台商店は上記中古営業用車両の代金について残額を小切手を振り出し山口商店に支払った。

仙台商店	（借）未　払　金	580,000	（貸）当座預金	580,000
山口商店	（借）現　　　　金	580,000	（貸）未　収　金	580,000

第4節　立替金と預り金

　本来企業の債務ではなく，取引先や従業員のための債務を一時的に立て替え払いすることがあります。このような場合，立て替えた企業は取引先や従業員に対して債権を有することになるので，資産勘定である立替金勘定に借記します。また企業が取引先や従業員から現金などを一時的に預かることがあります。このような場合，預かった金額は企業のお金ではないので，負債勘定である預り金勘定に貸記します。

　ところで立替金・預り金は，共に誰への立て替えであるのか，あるいは誰からの預かりであるのかによって種類ごとに勘定科目を別個に設けるのが通例です。たとえば従業員への立て替え・預かりについては従業員立替金勘定や従業員預り金勘定を用います。

設例 7 − 7

山口商店は，取引先である札幌商店から，自社の従業員が私用で使うパソコンの購入代金¥150,000を立て替え，小切手を振り出して支払った。

山口商店	（借）従業員立替金	150,000	（貸）当座預金	150,000
札幌商店	（借）現　　　　金	150,000	（貸）売　　　上	150,000

　従業員預り金勘定に関する会計処理としての典型例は，従業員への給料支払いの際に源泉徴収さ

れる所得税や健康保険料の従業員負担分の預かりを記録する取引があげられます。従業員が納めるべき所得税は，源泉徴収義務者である企業が翌月10日までに個々の従業員に代わって税務署にまとめて納付します。この場合，各従業員に代わって納付する所得税額を記録しておく勘定が所得税預り金勘定です。また健康保険料の預かりについては社会保険料預り金勘定を用います。

設例7－8

山口商店は，今月分の従業員の給料¥800,000から，所得税の源泉徴収額¥30,000と健康保険料¥80,000，および立替払いした私用パソコンの購入代金を差し引いて，残額を現金で支払った。

(借) 給　　　　料　　800,000　　(貸) 従業員立替金　　150,000
　　　　　　　　　　　　　　　　　　　所得税預り金　　 30,000
　　　　　　　　　　　　　　　　　　　社会保険料預り金　80,000
　　　　　　　　　　　　　　　　　　　現　　　　金　　540,000

設例7－9

山口商店は，上記従業員の所得税預り金を翌月10日に税務署に現金で納付した。

(借) 所得税預り金　　30,000　　(貸) 現　　　　金　　30,000

なお，個人企業の経営者自身が納める所得税は事業所得を計算することで求められますが、それらの計算については本書第15章を参照してください。

第5節　仮払金と仮受金

企業における取引の中には，現金などの収入または支出が実際にあったものの，その収入または支出がいかなる目的でなされたのか不明である場合や金額そのものが確定しない場合があります。そのような収入や支出は，いずれそれらの目的や金額を明らかにしなければなりませんが，その間，一時的な勘定科目として仮払金勘定（資産勘定）または仮受金勘定（負債勘定）で記録しておきます。

企業が計上する仮払金の典型例として，出張前に従業員に渡す旅費概算額があげられます。出張前に従業員へ与えた概算額は仮払金として処理されますが，従業員の帰店後に正確な旅費が報告されることで精算されます。

設例7－10

仙台商店は従業員の出張に際し，旅費の概算額として¥120,000を現金で渡した。また同店の当座預金に¥600,000が振り込まれたが，その内容が不明である。

(借) 仮　払　金　　120,000　　(貸) 現　　　　金　　120,000
(借) 当　座　預　金　600,000　　(貸) 仮　受　金　　600,000

設例7－11

従業員が本日出張から戻り，旅費合計が¥108,000であったとの報告を受け，旅費概算額のうち，残額¥12,000について返金を受けた。またこの出張中に振り込まれた不明の¥600,000は，得意先・東京商店からの売掛金回収であると報告された。

（借）現　　　金	12,000	（貸）仮　払　金	120,000
旅　　　費	108,000		
仮　受　金	600,000	売　掛　金	600,000

第6節　商品券

デパートや百貨店，あるいは商店街で共通の商品券を発行する場合があります。商品券の発行は商品の引き渡しに先んじて現金を受け取ることから，通常の商品取引とは異なる簿記処理をせねばなりません。商品券を発行した百貨店等では，いずれ商品が引き渡されるので，商品券発行時点で債務が発生することとなります。このようにみてくると商品券は一種の前受金ですが，商品引渡先が取引業者ではなく，消費者になりますので前受金勘定を用いずに，商品券勘定（負債勘定）に貸記されます。なお，商品券が発行された時点では売上勘定による記録はせずに，商品券による売上げが発生した時点で売上勘定に貸記します。

設例7－12

札幌商店は商品券¥80,000を売り上げ，代金は現金で受け取った。

（借）現　　　金	80,000	（貸）商　品　券	80,000

設例7－13

札幌商店は商品¥40,000を売り渡し，代金は同店発行の商品券¥10,000と残額は現金で受け取った。

（借）商　品　券	10,000	（貸）売　　　上	40,000
現　　　金	30,000		

ところで自店が発行した商品券ではなく，他店が発行した商品券で自店の商品を引き渡す場合，どのような処理になるのでしょうか。

設例7－14

札幌商店は商品¥55,000を売り渡し，代金は同店発行の商品券¥30,000と東京商店発行の商品券¥30,000で受け取り，釣り銭は現金で支払った。

（借）商　品　券	30,000	（貸）売　　　上	55,000
他店商品券	30,000	現　　　金	5,000

この取引の場合，札幌商店は商品券を発行した東京商店に対して債権を有することになるので，資産勘定である**他店商品券**勘定に借記し，後日の精算（東京商店からの入金）に備えます。

設例 7 －15
札幌商店は上記取引につき取得した東京商店発行の商品券について，同店から小切手を受け取り，精算した。

札幌商店	（借）現　　　　金	30,000	（貸）他店商品券	30,000
東京商店	（借）商　品　券	30,000	（貸）当座預金	30,000

第7節　未決算項目（火災や盗難など）

建物が火災により焼失した場合や備品や商品が盗難に遭う場合を想定して，企業は各種の保険に加入します。そして実際に火災や盗難が発生し，一定の手続きを経て保険金を獲得することとなりますが，被害額を上回る保険金支払いがなされた場合，収益勘定である「保険差益」勘定に貸記します。

しかし実際には火災等の発生後，被害額の見積もり，確定から保険金支払いまでの間に相当の時間が費やされます。このため一時的に「未決算」勘定で簿記処理をしておき，保険金確定に備えることになります。そこで盗難が発生した沖縄商店の取引例をみてみましょう。

設例 7 －16
沖縄商店は，期首において保有する備品（未償却残高¥450,000）について盗難にあった。この備品には¥900,000の保険が付されている。

（借）盗難未決算　450,000　（貸）備　　　品　450,000

設例 7 －17
上記の盗難に関して保険金¥700,000の支払が決定した。

（借）未　収　金　700,000　（貸）盗難未決算　450,000
　　　　　　　　　　　　　　　　　保険差益　250,000

なお火災などの災害によって破損・滅失した資産について，保険未加入の場合は，帳簿価額を費用勘定の災害損失勘定に借記します。

練習問題

次の取引に関する仕訳を答えなさい。

1．商品陳列台を¥300,000で買い入れ，代金は月末に支払う約束とした。
2．城間商店へ商品¥150,000を注文し，内金として¥50,000を現金で支払った。
3．出張から帰った従業員から出張の報告を受けた。その結果，概算払いの出張旅費として渡した¥180,000では不足が生じており，¥30,000を当該従業員が立て替えている。なお不足分については，後日，給料と共に支払うことにしている。
4．兼田商店は火災により建物（帳簿価額¥2,000,000）を焼失したが保険に未加入であった。焼失した建物は資産価値が無い。

第8章　有価証券

第1節　有価証券の定義と分類

1．金融商品取引法と有価証券

　金融商品取引法の第1条には，この法律の目的が長い一文節で規定されています。この法律の目的を項目ごとに列挙してみました。

　①企業内容等の開示制度の整備
　②金融商品取引業者にとっての必要事項の規定
　③金融商品取引所の適切な運営の確保
　④有価証券の発行及び金融商品等の取引等の公正化
　⑤有価証券の流通の円滑化
　⑥資本市場の機能の十全な発揮
　⑦金融商品等の公正な価格形成
　⑧国民経済の健全な発展
　⑨投資者の保護

　この法律の目的を規定した9項目のなかに「取引所」，「金融商品」，「有価証券」という用語にお気づきかと思います。「取引所」とは，マーケット（証券市場）のことを言います。「金融商品」とは有価証券を含む包括的に，金融取引から生ずるモノをいうことにします。この法律の第2条で有価証券を定義しています。21項目の金融商品を有価証券としていますが，この章で取り上げる（仕訳の対象とする）有価証券を株式や債券に限定します。
　株式とは，株式会社の社員（株主）の会社に対する法律上の地位（株主権）を保障するために発行される証券ですが，現在では帳簿上でその権利が保障されています（株式の電子化といいます）。債券投資とは，債券の購入という形でその債券の発行体に出資を行う行為ですが，この国では債券は発行主体の違いにより3種類があります。まず，国家が発行し資金調達する国債，地方自治体（都道府県や市町村）が発行する公債，それに民間の会社が発行する社債です。

2．有価証券の分類

　株式や債券（この章での有価証券）は，その属性の違いにより，簿記・会計では異なる名称で分類します。属性とは難しい用語ですが，有価証券の保有目的の違いと考えてください。

個人商店あるいは中小企業で過去の利益の蓄積があり，手元に流動的な資金（キャッシュ）があるとします。この資金の一部を使って，短期的に収益を得ることを商店主や経営者が考えるのは自然なことです。過度の有価証券投資はリスクを伴いますが，あくまでも適量の範囲内です。市場で売買されている株や債券を購入し，買い入れ価額を上回った段階で売却し，利益を得るという投資のスタイルです。このような目的で購入した有価証券を簿記・会計では，「売買目的有価証券」と言います。一般には株式の購入でしょうが，債券の購入もありえます。

　債券は，その発行時に利率や満期時の買い入れ価額などの条件が，あらかじめ決められています。発行時から満期あるいは償還時までの間，比較的長期になります。新規に発行される債券はもとより，既発行の債券を市場から買い入れた場合（中途購入）でも，条件が確定していることから比較的低リスクで，リターンが期待できる投資と言えます。それには短期の売買を目的とせずに，満期まで保有することが前提になります。このような購入目的（保有目的）の債券を「満期保有目的の債券」と言います。

　上記，「売買目的有価証券」に分類する株式は，純粋な値上り益（「キャピタル・ゲイン」と言います）の追求ですが，ある会社の支配を目的とした投資で，発行済み株式の50％超を目指して保有する場合もあります。あるいは取引先の株式会社との関係を構築するために，その会社の株式を購入することもあるでしょう。このような目的で保有する株式は，「子会社株式」，「関連会社株式」という分類になります。

　「売買目的有価証券」，「満期保有目的の債券」，「子会社株式」ならびに「関連会社株式」という用語は，簿記・会計上の分類であって，そのような名称で証券市場で流通しているわけではありません。このような分類法が重要なのは，たとえば，簿記では売買目的で取得した時は，借方に「売買目的有価証券」勘定を使って仕訳するからです。会計上は「売買目的有価証券」を決算時に保有している場合は，貸借対照表の「流動資産の部」に当該科目で表示，あるいは単に有価証券として計上します。

第2節　有価証券売買の簿記処理

1．売買目的有価証券の取得

　売買目的有価証券の保有目的は短期的な値動きによるキャピタル・ゲインの獲得です。簿記の設問では，かならず保有目的が明示されます。売買目的有価証券は，仲介者（証券会社）をつうじて証券市場から購入することになるのが一般的です。これを前提に簿記処理を行いますし，とくに断りがない限り，だいたいの設問もこれを前提とします。この有価証券（株や債券）の取得とは購入ですが，購入に際して，証券会社に支払う手数料が発生します。この買入れ手数料の取り扱いは，売買目的有価証券だけに限らず，あらゆる有価証券の取得に共通して同一の処理を行います。

　買入手数料は仲介手数料とも言いますが，簿記・会計の用語としては**付随費用**と言います。これまで，商品の購入（仕入時）に発生した**付随費用**（運賃や輸入関税など）は，この商品の取得価額に含めることを原則として処理しました。商品の本体価格に**付随費用**を加算した値段が，取得価額

（取得原価）となります。有価証券も同様の処理を行います。このような処理は，会計全般で共通した処理ですので，覚えておいてください。

株式の場合，証券会社に注文を出し，株式市場において売買が成立した日（約定日）が，この有価証券の取得時と見なします。ただ，約定日より後の日（受払日）に証券会社に代金を支払いますが，受払日を取得時とみなす考え方もあります。約定日から受払日までの間に大きく価格変動があれば問題ですが，簿記の問題では設問に指示がありますので，指示に従って処理してください。どの時点を取得時とみなすかは難しい問題ですし，この点を問題にする設問もあります。

設例8－1

① 北海道商店は，売買目的でかねて注文を出していた青森商事株式会社の株式100株につき，市場価格@¥350で売買が成立し代金は後日，精算することになった。
（借）売買目的有価証券　　35,000　　（貸）未　払　金　　35,000

② 札幌商店は，売買目的で室蘭工業株式会社の株式を3,000株，市場価格@¥1,650で取得し，これに手数料¥50,000をあわせて証券会社に小切手で支払った。
（借）売買目的有価証券　5,000,000　　（貸）当　座　預　金　5,000,000

③ 北海道開発株式会社は，売買を目的に新規発行の札幌市債，額面価額¥1,000,000を額面100円につき99円で購入した。代金は同株式会社名義の当座預金口座から証券会社の普通預金口座に振り込んだ。
（借）売買目的有価証券　　990,000　　（貸）当　座　預　金　　990,000

2．満期保有目的の債券の取得

この有価証券は，債券（国債，地方債，社債）であり，新規発行（新発）だけでなく既発の債券も対象になります。売買目的有価証券とは異なり，長期で保有することで，投資のメリット（利益）を期待します。たとえば新発債券を購入して満期まで保有し，その間，一定の利息を受け取り，償還時に元本を受け取ることを考える場合，この債券が償還不能（デフォルト）にならなければ，預貯金をしたのと同じ効果が期待できます。債券の場合，預貯金の金利より利率が高く設定されることもありますので，ほかの金融商品よりは比較的有利と言えます。

この有価証券も売買目的有価証券同様，市場（ここでの市場とは債券市場です）から，証券会社を通じて購入します。新発の債券は発券市場，既発の債券は流通市場と区別したりもしますが，2つの市場が存在するわけではなく，あくまで証券市場からの購入です。証券会社に支払う買入手数料の処理などは，売買目的有価証券の購入時の処理と同様です。新発債は手数料がかかりませんが，既発債の売買には手数料が必要です。

わたしたちが購入できる債券の種類は複数あります。このテキストでは外国の債券や転換社債（転換社債型新株予約権付社債），それに個人向け国債は除外します。国債には，かなり長期のもの

もありますが，簿記の問題でよく出てくる期間は5年から7年です。転換社債と区別するために普通社債（事業債）という言い方もありますが，ここで取り上げる社債はこの債券です。

設例 8 － 2

① 北海道商店は，新発の国債を額面¥1,000,000 満期保有目的で購入することを決め，購入代金を現金で支払った。売り出しの条件は額面¥100につき¥98，利率は年利1.3％，利払いは6月末と12月末の年2回である。

　　　（借）満期保有目的債券　　980,000　　　（貸）現　　　　　　金　980,000

② 札幌商店は，満期保有を目的に既発の国債の購入を証券会社に依頼していたが売買が成立し，経過利息¥4,500とあわせた購入代金は，後日，当座預金口座より差し引かれることになった。この国債は額面¥500,000で，市場価格は@¥50,000につき@¥49,500であった。

　　　（借）満期保有目的債券　　495,000　　　（貸）未　　払　　金　499,500
　　　　　有 価 証 券 利 息　　　4,500

③ 北海道開発株式会社は，取引先の旭川工業株式会社の社債を満期まで保有することを条件に新規に引き受け，現金でその代金を支払った。発行の条件は5年満期で，年利5％，額面金額¥5,000,000 ¥100につき¥102の打歩発行である。

　　　（借）満期保有目的債券　5,100,000　　　（貸）現　　　　　　金　5,100,000

3．売買目的有価証券の売却

　この有価証券の保有目的は，短期で売買しての値上がり益の追求でした。保有目的から値上りもあれば値下りもありえます。値上りすると思って購入した株式が，その思惑とは逆の動きをすることもあります。値下りし，短期間で価格回復の見込みがないと思われる場合は，すみやかに売却し，損失の拡大を抑えます。

　売買目的で保有している有価証券の場合，市場価格の変動に敏感に対応した簿記処理が行われます。取得した時よりも売却時の価格が上昇していれば，値上り益を計上します。この利益のことを「有価証券売却益」と言い，この勘定科目を貸方に仕訳します。逆の場合（購入時に比べ売却時点で値下りしている場合）は，「有価証券売却損」という勘定科目が借方に表れ，簿記処理します。

　「有価証券売却損」は費用・損失の科目なので，この科目が発生した時は，借方仕訳です。「有価証券売却益」は，収益の科目なので貸方に仕訳するのは，仕訳の基本でした。

　　ケース1　購入時の価額＞売却時の市場価額 ……「有価証券売却損」の発生
　　　　（借）○　○　○　○　　××××　　　（貸）売買目的有価証券　×××
　　　　　　　有価証券売却損　　　××

ケース2　購入時の価額＜売却時の市場価額　……「有価証券売却益」の発生
　　　（借）○　○　○　○　××××　　　（貸）売買目的有価証券　　×××
　　　　　　　　　　　　　　　　　　　　　　有価証券売却益　　　　××

　有価証券売却損益の金額（××）は，売却代金（××××）から売買目的有価証券の帳簿上の金額（×××）を引いた金額です。金額（××）がプラスの時は有価証券売却益が，マイナスの時は有価証券売却損ということになります。
　売買目的有価証券の売却でのポイントは，売却損益の認識・測定ですが，取得価額を正確に把握していなければ，正しい計算はできません。この有価証券の取得価額が**付随費用**も含めた金額である点を忘れ，株式それ自体の価格だけを比較して，異なる金額を計算するミスがあります。中上級者向けの問題として，複数回にわたって購入した株式の一部を売却する場合の処理など，考慮しなければならない点がありますので，注意しましょう。取得価額とは適切に計算され，帳簿上に記載された金額のことで，簿価とも言います。

設例8－3

① 北海道商店は，かねてより売買目的で保有していた小樽株式会社の株式（簿価¥96,000）を¥100,000で売却し，売却代金は後日，当座預金口座に振り込まれることになった。
　　（借）未　　収　　金　　100,000　　（貸）売買目的有価証券　　96,000
　　　　　　　　　　　　　　　　　　　　　　有価証券売却益　　　　4,000

② 札幌商店は，かねてより売買目的で保有していた十勝乳業株式会社の社債（額面金額¥1,000,000　¥100につき¥99.30で購入）を@¥98.80で売却した。売却代金は，取引のある証券会社より当座預金口座へ振り込んだとの連絡を受け，それを確認した。
　　（借）当　座　預　金　　988,000　　（貸）売買目的有価証券　　993,000
　　　　　有価証券売却損　　　5,000

③ 北海道開発株式会社は，かねてより売買目的で保有していた国債¥5,000,000（¥100につき¥99.80）のうち額面金額¥4,000,000分を@¥99.50で売却し，その代金を現金で受け取った。残りの国債は，満期まで保有することとした。
　　（借）現　　　　　金　3,980,000　　（貸）売買目的有価証券　4,990,000
　　　　　有価証券売却損　　12,000
　　　　　満期保有目的債券　998,000

第3節　保有有価証券の決算時簿記処理

1．売買目的有価証券の処理

　この有価証券の保有目的は短期ですが，決算時点で保有していれば，取得価額の修正（評価替と言います）をしなければなりません。簿記・会計では，売買目的有価証券は，決算日時点の時価で再評価します。この評価替（再評価）の基本は，取得価額と時価の差額を認識・測定することです。帳簿価額に比べて時価が高い場合は，その差額を借方の売買目的有価証券に加算します。これにより取得価額が上がります。複式簿記なので，その貸方の仕訳が必要であり，相手科目は「有価証券評価益」という勘定科目を使います。有価証券評価損益は，取得価額（簿価）と時価との差額です。時価から簿価を引いて計算しますが，差し引き差額がプラスであれば「有価証券評価益」でマイナスならば「有価証券評価損」です。

　　ケース1　購入時の価額＜決算時の市場価額（時価）……「有価証券評価益」の発生
　　　　（借）売買目的有価証券　×××　　　（貸）有価証券評価益　×××
　　ケース2　購入時の価額＞決算時の市場価額（時価）……「有価証券評価損」の発生
　　　　（借）有価証券評価損　×××　　　（貸）売買目的有価証券　×××

設例8－4
① 北海道商店は決算につき，かねてより保有している売買目的有価証券を時価評価した。この有価証券の簿価は¥100,000で，時価は¥120,000である。
　　　（借）売買目的有価証券　20,000　　　（貸）有価証券評価益　20,000

② 札幌商店は売買目的で国債（額面金額ベース¥1,000,000分）を保有している。取得時の価格は¥100につき¥101であり，時価は＠¥100となり，決算につき評価替えを行った。
　　　（借）有価証券評価損　10,000　　　（貸）売買目的有価証券　10,000

2．満期保有目的の債券の処理

　この保有目的の有価証券は，売買目的で保有している債券と違って，時価の変動を認識し仕訳する必要はありません。満期まで保有することが意図されているからです。新発債券で満期時の償還価額（発行体が買い取ってくれる価額）より安い金額の条件で発行される債券を割引債といい，このように発行（発売）されることを割引発行と言います。債券購入者は，発行時の価額と償還価額との差もリターンの一部とみなし購入を考えます。

　割引債の購入時の価額と償還価額の差額は，満期日までの全期間の利息と考えます。この利息は時の経過に応じて貸方に利息の受取分（収益の発生）を計上していきますが，それに対応した借方には「満期保有目的債券」勘定で処理します。この債券の簿価は額面金額と償還時に等しくなり，

その間は低めに評価・計上されます。決算時において貸方の「有価証券利息」勘定として計上した分は，この債券の価値の増分として借方に計上します。

割引発行された債券と満期時の差額を「金利調整の性格」とするため，**償却原価法**という方法で差を埋めてゆきます。「利息法」という方法が原則的な処理方法ですが，ここでは「定額法」で利息の計算を行います。「利息法」は1級で出題され，「定額法」は2級での出題範囲です。3級では満期保有目的の債券が範囲から除外されていますが，3級の受験者であっても将来のために，ここで勉強しておきましょう。

設例8－5
① 北海道商店は決算につき，満期保有目的の債券の簿価を**償却原価法**（定額法）により修正する。今期の修正額は¥20,000である。
　　　（借）満期保有目的債券　　20,000　　　（貸）有 価 証 券 利 息　　20,000

② 札幌商店は満期保有目的で国債（額面金額ベース¥1,000,000）を保有している。この国債は5年前に発行されたもので，今決算期末に3年が経過する。発行時の価格は¥100につき¥97であり，決算につきこの国債の簿価を**償却原価法**（定額法）により修正する。
　　　（借）満期保有目的債券　　 6,000　　　（貸）有 価 証 券 利 息　　 6,000

3．売買目的・満期保有目的の有価証券以外の有価証券の処理

これまで「売買目的有価証券」の時価評価，満期保有目的の債券の**償却原価法**評価について解説しました。子会社株式や関連会社株式は，決算時において評価替えは行いません。取得価額で評価するので価額は据え置きます。売買目的有価証券，満期保有目的の債券，子会社株式ならびに関連会社株式のいずれにも属さない有価証券のことを「その他有価証券」とひとくくりにしますが，それぞれの保有目的や有価証券の特性（市場価格の有無）などを考慮して評価します。

設例8－6
① 北海道商店は決算につき，「その他有価証券」勘定で処理している旭川大雪商店株式会社の株式の時価が値上がりし修正する処理を行った。簿価と時価との差額は，¥50,000である。
　　　（借）そ の 他 有 価 証 券　　50,000　　　（貸）有価証券評価差額　　50,000

② 札幌商店は，取引先の登別観光株式会社との間で，それぞれ発行済み株式の2％を相互に持ち合いしている。この両社の株式は非上場の株式であり，時価は認識できない。登別観光株式会社の株式の簿価は，¥200,000である。
　　　　　　　　　　仕　訳　な　し

第4節　有価証券に関するその他の簿記処理

1. 株式配当金の受け取り

　売買目的で保有する株式であっても，この株式を発行する会社の決算日（権利確定日）時点で保有していれば，株式配当金を受け取る権利があります。配当を行うという決定がなされ，「株式配当金領収書」が送付された日が，事実上の受領日です。この「領収書」は金融機関等で換金できるので，現金の受け取りとみなした処理を行います。ただ一般的には「株式配当金領収書」の受領方式ではなく，株主が指定する銀行口座の預貯金に振り込まれる方法がとられるので，この場合は「当座預金」など，資産の増加という処理がとられます。

　株式配当金や預貯金の利子には，15.315％の所得税および復興特別所得税と地方税5％の合計税率20.315％が**源泉徴収**されます。簿記の問題によっては，この税金を無視（税抜き，純額で処理）することもありますが，**源泉徴収**されていることは知っておいてください。

設例8－7

① 北海道商店は保有する株式のうち，数銘柄分の「株式配当金領収書」が送付され，その合計金額は¥20,000であった。

　　（借）現　　　　　金　20,000　　（貸）受　取　配　当　金　20,000

② 札幌商店は，保有する株式の「配当金計算書」を受領した。それによると保有株式数は5,000株で，1株につき30円の配当を行うとあった。この配当にかかわる税金を源泉徴収され，残額を取引銀行の普通預金口座に振り込んだとあった。

　　（借）普　通　預　金　119,528　　（貸）受　取　配　当　金　150,000
　　　　　租　税　公　課　30,472

2. 公社債の利息の受け取り

　国債や地方債などの公債，民間企業が発行する社債についての詳細は，これまで触れました。ここでは，そこから受け取る利息についての処理です。よく簿記のテキストでは，利付きの公社債には額面金額を表記した券面の下に，満期までの間の利子分を小分けにした利札（クーポン）がついていて，「支払期日が到来した利札」をミシン目から切り取り金融機関に持ち込んで換金するとあります。この「支払期日が到来した利札」も現金と同じ扱いをすると言いますが，公社債の券面も発行されず，ペーパレス化（口座管理）が現実です。

　公社債の利息は，「受取利息」勘定でも処理しますが「有価証券利息」勘定を使うべきです。「有価証券利息」勘定は，借方にも貸方にも表れますが，決算時にその残額を損益とします。また公社債の利息にも税金が源泉徴収されて，預貯金の口座に振り込まれます。

設例8－8
① 北海道商店は保有する国債のうち，支払期日が到来した利札があることがわかった。税引き後の利息は¥20,000である。
　　（借）現　　　　　金　　20,000　　（貸）有価証券利息　　20,000

② 札幌商店の当座預金口座に保有する苫小牧製紙株式会社の社債，第6期分の利息が振り込まれた。この社債の額面金額は¥1,000,000であり，年利1.7％，年2回の利払いがある。
　　（借）当　座　預　金　　6,774　　（貸）有価証券利息　　8,500
　　　　租　税　公　課　　1,726

3．公社債売買時の経過利息（端数利息）の処理

売買目的の債券（「売買目的有価証券」勘定で処理）を売却したとき，利払い日に売却することを除いて，経過利息が発生します。前利払い日から売却時までの利息を経過利息と言いますが，その金額の計算過程で注意すべきことは，日割り計算をすることと，日数の数え方です。

たとえば，前利払い日が9月30日で12月20日に債券を売却したときの経過期間は，81日になります。9月30日の翌日から起算し，10月が31日，11月が30日それに12月が20日なので，81日間です。額面金額¥1,000,000で年利3.65％とすると，経過利息は¥8,100となりますが，次のような計算をします。

$$1,000,000 \times 3.65\% \times 81 \div 365 = 8,100$$

3.65％は0.0365を掛けて計算してもいいですし，この3.65％は年利なので365日を分母にして81日とします。この経過利息（端数利息）は，「有価証券利息」勘定を使って処理します。債券購入時にこの利息が発生するときは，借方に仕訳します。途中売却時に経過利息が発生する場合は，「有価証券利息」が貸方に表れます。

設例8－9
① 北海道商店は売買目的で国債（額面金額¥1,000,000）を¥100につき¥98で購入し，前利払い日の翌日から購入日までの端数利息（¥8,100）を含め購入代金は，5営業日後に支払うことになった。
　　（借）売買目的有価証券　980,000　　（貸）未　払　金　　988,100
　　　　有価証券利息　　　　8,100

② 札幌商店は，売買目的で保有する社債（帳簿価額および額面金額¥1,000,000）を額面金額で売却した。この社債の年利率は7.3％，前利払い日の3月31日の翌日から売却時6月2日までの経過利息を含め売却代金は小切手で受け取った。
　　（借）現　　　　　金　1,012,600　　（貸）売買目的有価証券　1,000,000
　　　　　　　　　　　　　　　　　　　　　　有価証券利息　　　　12,600

4．有価証券の貸し借りなどの処理

　自己が保有する株式を一時的に他人に貸し付けることがあります。有価証券類の貸借です。たとえば，株の空売りをするときに，株式の貸借が行われることがありました。このようなときも，株式の貸し手側と借りる側の双方が，簿記処理を行います。まず，貸し手側の簿記処理として，自己保有の「その他の有価証券」勘定で処理していた株式を貸す場合，帳簿から除く処理をします。貸方に「その他有価証券」を仕訳し，その逆（借方）には「貸付有価証券」勘定を使い仕訳します。「その他有価証券」が「貸付有価証券」勘定に代わると考えてください（簿記の用語では「**振り替え**」と言います）。株を借りる側の仕訳は，貸方に「借入有価証券」となり，借方は「売買目的有価証券」となります。「借入有価証券」は貸し手に対する債務を記録し，借方の「売買目的有価証券」で仕訳するのは，この株を短期で売買するために借り受けますから，この勘定科目を用います。

　株や債券を金銭貸借の担保として預かる（金銭の貸手側），差し入れる（金銭の借手側）の場合もあるでしょう。次は，このような場合の簿記処理を解説します。金銭の貸借の処理と同時に有価証券の「預かり」と「差し入れ」の処理も行います。貸し手は「貸付金」勘定で処理するのと同時に，「預り有価証券」勘定を貸方に，「保管有価証券」を借方に仕訳します。「保管有価証券」勘定は，あくまで一時的な所有です。担保としての預かりなので，借り手が返済できないときは，所有権は正式に貸手側に移りますが，返済期間までは一時的な預かりです。借入側の処理は，「借入金」勘定で処理するのと同時に，たとえば満期保有目的で所有していた債券を預けたのであれば，貸方に「満期保有目的債券」で仕訳します。これによりこの有価証券が帳簿から除かれます。借方は「差入有価証券」勘定を用います。この勘定科目は，差し入れた有価証券が，自己の手元から消滅したのではない，ということを忘れないための備忘記録です。

　有価証券類の貸付側と差入側，その預り側と借入側が仕訳する際の金額は，いくらになると思いますか。貸付側（差入側）は，手持ちの有価証券類を帳簿から除くという処理をします。帳簿には取得価額で計上されています。この金額を簿価と言います。この両者が仕訳する金額は，簿価になります。反対に預り側（借入側）は，相手の簿価には関知しません。市場価格，時価のみが関知できる価額になるので，この金額で計上します。

設例8－10

① 北海道商店は取引先の稚内商店の要請により，「その他有価証券」勘定で処理している網走商店株式会社の株式（帳簿価格￥100,000　市場価格￥90,000）を貸し付けた。

　　（借）貸　付　有　価　証　券　100,000　　　（貸）そ の 他 有 価 証 券　100,000

② 稚内商店は取引先の北海道商店に対して，同店が保有する網走商店株式会社の株の一部を借り受けることにした。借り受け時のこの株式の市場価格は，￥90,000である。

　　（借）売 買 目 的 有 価 証 券　90,000　　　（貸）借　入　有　価　証　券　90,000

③　札幌商店は取引先の北海道開発株式会社に対し¥900,000の借金を要請し，同額の小切手を受け取った。なお同商店が保有している満期保有目的の国債（帳簿価額¥980,000，市場価格¥960,000）を担保に差し入れた。

　　　　（借）現　　　　　　金　900,000　　（貸）借　　入　　金　900,000
　　　　　　　差 入 有 価 証 券　980,000　　　　　満期保有目的債券　980,000

④　北海道開発株式会社は，札幌商店の¥900,000の借金要請に対し，同商店が保有する国債を担保として受け取ることを条件に，小切手を振り出して貸し付けた。同国債の市場価格は，¥960,000である。

　　　　（借）貸　　付　　金　900,000　　（貸）当　座　預　金　900,000
　　　　　　　保 管 有 価 証 券　960,000　　　　　預 り 有 価 証 券　960,000

練習問題

1．次の各取引の仕訳をしなさい。使用する勘定科目は以下のいずれかとする。
　　現金，当座預金，売上，売掛金，売買目的有価証券，支払手数料，未収金，仕入，買掛金，未払金，有価証券売却損，有価証券売却益，有価証券評価損，有価証券評価益
（1）売買目的として，取得価額￥300,000（買入手数料を含んだ価額）で株式を買い入れ，代金は後日支払うこととなった。
（2）売買目的として国債（額面金額：￥2,000,000，取得価額：￥1,950,000）を買い入れ，代金は小切手を振り出して支払った。
（3）かねて所有していた上記国債のうち￥1,000,000（額面金額）を￥100につき￥99で売却し代金は小切手で受け取り，ただちに当座預金とした。
（4）かねてより所有していた売買目的の上場株式1,000株を1株につき￥350で売却し，代金は普通預金口座に後日振り込まれることとなった。この株式は，今会計年度に1株につき￥380で取得した3,000株のうちの1,000株である。
（5）決算日をむかえ，上記株式の残額を評価替えすることになった。同株式の決算日時点の終値は，1株￥360であった。

2．次の各取引の仕訳をしなさい。使用する勘定科目は，適切なものを用いること。
（1）かねて3回にわたって取得していた売買目的有価証券（1回目：200株＠￥1,900　2回目：500株＠￥2,100　3回目：300株＠￥2,000）のうち500株を＠￥2,150で売却し，代金は小切手で受け取った。この有価証券の評価方法は，平均法によっている。
（2）満期保有を目的とした国債（額面金額：￥10,000,000）を市場価額￥100につき￥98.80で買い入れ，買入手数料（額面金額の0.1％）とともに現金で支払った。
（3）かねてより所有していた売買目的の社債，額面金額￥1,000,000（取得価額￥975,000）を￥100につき￥98.80で売却し，代金は後日受け取ることになった。この社債は，年利1.9％，利払日は年2回で，前利払日から売買日までの期間44日に相当する端数利息も後日受け取ることとなっている。端数利息の計算は1年を365日とし，計算上生じた円以下の端数は切り捨てることとする。
（4）かねてより所有していた満期保有目的の債券（額面金額：￥1,000,000　帳簿価額：￥970,000）を年次決算につき評価替することになった。この債券は5年前の期首に取得し今会計年度末で3年が経過するが，償却原価法による評価替えの処理は，年次決算のみに行ってきている。
（5）取引銀行より￥5,000,000を現金で借り入れることになり，当座預金口座に同額が振り込まれた。借入期間は半年間で，金利5％は返済時に500万円の元金とともに現金で返済することとなっている。これにともない，満期保有目的で所有する国債を担保とすることになった。同国債の時価は￥5,880,000で，帳簿価額は￥5,900,000で評価されている。

第9章　固定資産

第1節　有形固定資産と減価償却

1．有形固定資産とは

　ここでの有形固定資産とは有形でかつ固定（長期）の資産を指し，無形でなく流動資産でない資産です。流動か固定かを分ける境目は，1年以上にわたって長期で使い続ける資産で，なおかつ実体のある資産というと，土地や建物，機械や備品，営業用の車両などが該当します。これらの資産を取得したときは，この勘定科目を使って借方に仕訳します。

　建物の取得では，発注から引渡しまで1年以上を要することもあるでしょう。その場合，建築請負契約で手付けなどの一時金を支払う条件がつくことがあります。そこで用いる「**建設仮勘定**」という勘定科目は固定資産ですが，完成し引き渡しを受けたときに，「建物」勘定に**振り替え**ます。

2．有形固定資産の取得価額の計算

　土地や建物は，中古を含めて物件を購入する場合，登記の終了，つまり自己所有が法的に承認されるまでに要する諸費用をこの資産の帳簿価額に含めます。取得原価の原則と言いますが，前章の有価証券や商品購入の場合と同じ方法を用います。法務局に支払う登記の費用は書類に印紙を貼って支払いますが，その印紙代は「租税公課」では処理しません。また，不動産業者に支払う仲介手数料も「支払手数料」で処理しないで，有形固定資産の価額に含めます。

　車両についても使えるまでに，様々な諸費用が必要です。有形固定資産は，これが使える状態になるまでの支出すべてを，資産の価額に含めることが原則です。有形固定資産を購入・取得したときの借方の金額が取得価額ですが，以下の計算式となります。

　　　　　有形固定資産の取得価額＝購入対価＋手数料＋登記（録）料＋その他の諸費用

設例9－1

① 北海道商店は，かねてより札幌不動産に取得を依頼していた土地の登記が完了した。この土地にかかわる購入対価¥5,000,000は小切手を振り出して支払い，登記等にかかわる諸費用¥300,000を現金で法務局に支払い，同不動産に支払う仲介手数料¥500,000と整地費用¥200,000は月末に支払うことにした。

（借）土　　　　　地　6,000,000　　　（貸）当　座　預　金　5,000,000
　　　　　　　　　　　　　　　　　　　　　　　　現　　　　　金　　300,000
　　　　　　　　　　　　　　　　　　　　　　　　未　　払　　金　　700,000

②　札幌商店は，営業用の軽トラックを小樽自動車販売株式会社より購入し引渡しを受けた。このトラックの車両本体価格は¥1,200,000で登録料などの諸費用¥300,000をあわせて，10回分割で支払うことにした。
　　　（借）車　　　　　輌　1,500,000　　　（貸）未　　払　　金　1,500,000

③　北海道開発株式会社は，総額100,000千円の本社屋の建築を十勝建設に依頼し工事代金の一部（工事総額の2割）の小切手を振り出した。
　　　（借）建 設 仮 勘 定　20,000,000　　（貸）当　座　預　金　20,000,000

3．有形固定資産の減価

　有形固定資産は，その取得日から価値の減少が始まり，昨日，取得した車輌は今日，同額では売却できません。簿記・会計では，有形固定資産をいま売ったとしたら，いくらで売れるかを見積ることは要求されておらず，使用価値がどのくらい減少したかを決算時に見積ります。年次決算であれば12カ月分の，中間決算であれば6カ月分の，四半期決算であれば3カ月分の減価償却費を計上します。会計の基準によれば，「有形固定資産は，その取得原価を当該固定資産の耐用年数にわたり，一定の減価償却方法によって各事業年度に配分しなければならない」と規定していますが，さらに所定の減価償却の方法で，計画的・規則的に実施しなければならないとも言っています。

4．減価償却費の計算

　簿記における「所定の減価償却の方法」について，減価償却費という費用の計算をするためには，次の3つの要素，つまり①取得価額（取得原価），②耐用年数，③残存価額が必要です。この3つは問題文に与えられた数値・データを用います。残存価額とは，耐用年数後も使い続ける場合の帳簿価額で，取得価額の10％，あるいはゼロの場合もあります。これらの3要素を使い減価償却費の計算を行いますが，次に有形固定資産の使用期間を基にした計算方法を2つ紹介します。

5．定額法による減価償却

　定額法とは，有形固定資産の減価が一定額で起こりうる，ということを前提に計算する方法です。取得価額から残存価額を除いた要償却額（残存価額がゼロのときは，取得価額が要償却額になります）を耐用年数で割って計算します。ここで計算された金額は，耐用年数の全期間に渡って変わることがなく，以下のような計算式によりますが，残存価額がゼロのときは，取得価額を耐用年数で割るだけになります。

　　　　　　　1年間の減価償却費 ＝（取得価額－残存価額）÷ 耐用年数

残存価額が取得価額の10％の時は，次の計算式を用いるのもよいかもしれません。

１年間の減価償却費 ＝ 取得価額 × 0.9 ÷ 耐用年数

６．定率法による減価償却

　定率法とは，毎年（毎期）の減価償却費を計算するときに，要償却額に一定率を掛けて計算するものです。たとえば，年度当初に新規で購入した有形固定資産の減価償却費をこの方法で計算するとします。購入した初年度は，取得価額に償却率を掛けて計算します。次の年度（第２期目）は，取得価額から前年度の減価償却費を除いた金額が要償却額であり，この金額に償却率を掛けて計算します。どんなに年次が進んでも，この率は，まったく変わりません。一定率を掛けていくので定率法と呼びます。

　定率法による減価償却の特徴は，対象の固定資産が新しいときに多額の減価償却費を計上し，古くなれば減価償却費は少なくなるというものです。定額法であっても定率法であっても，耐用年数までの累計の減価償却費は等しくなります。比較的早期に固定資産に投資した資金を回収したい場合には定率法を使うと有利ですが，減価の実態とは乖離します。

７．生産高比例法による減価償却

　生産高比例法とは，鉱山の掘削機械（鉱業用減価償却資産）の減価償却費を計算する場合のような，生産高が多ければ減価も多い，という考えで行う計算方法です。この方法を用いるための条件として，鉱業用資産の総利用可能量が物理的に確定できることもあげられます。あくまでもこの量は推定値ですが，合理的に推定ができれば，次の計算式で減価償却費を計算します。

１年間の減価償却費 ＝（取得価額－残存価額）× 当期の生産量 ÷ 見積り総生産高

第２節　減価償却費の計上と償却済み資産の売却

１．減価償却費の計上にあたっての２つの処理法

　定額法，定率法および生産高比例法により減価償却費の額を計算したので次は簿記処理です。決算時点で以下の仕訳をしますが，仕訳には２つのやり方があります。

　　　　第１法　（借）減価償却費　×××　　　（貸）対象有形固定資産　×××
　　　　第２法　（借）減価償却費　×××　　　（貸）減価償却累計額　×××

　減価償却に関する簿記処理は費用発生の仕訳なので，借方は「減価償却費」の勘定を用いますが，貸方側に２つの異なる処理があります。上の第１法は，貸方の科目は「対象有形固定資産」の科目としていますが，たとえば機械の減価償却を行いたい場合は，「機械」という勘定科目を用います。貸方に資産の勘定で仕訳することは，この資産の帳簿価額を減額することを意味します。このような仕訳を有形固定資産の耐用年数まで行えば，最後には資産の残高は残存価額と等しくなります。有形固定資産は借方側に償却資産の残高が記録されています。資産の科目から直接に減額していく

方法なので，このような記帳のやり方を「**直接法**」と呼んだりもします。

　第2法では，貸方科目は「**減価償却累計額**」という科目を用います。この方法では有形固定資産は，取得価額のままです。この資産の保有年数の経過とともに，「減価償却累計額」の貸方残高が積み上がってゆき，「累計」という漢字がまさに象徴的です。このような記帳では減価していないように見えますが，実際は，借方の有形固定資産の残高（取得価額）から，貸方の減価償却累計額を差し引くことによって，この資産の帳簿価額を計算しており，「**間接法**」と呼びます。「減価償却累計額」という勘定科目は，有形固定資産の簿価を求めるためだけに存在する科目であり，「**評価勘定**」と言います。

2．減価償却費の計上

　減価償却費を各会計期末に計上するのは，正しい期間損益計算をするためです。減価償却費は費用の科目なので，たとえば，減価償却費を計上しない場合は，相対的に期間損益は膨らみ，損失額は少なく損益計算書に計上されることになります。設例にしたがい，減価償却についての仕訳を見ていきましょう。

設例9－2

① 北海道商店は年次決算につき，かねてより保有している建物の減価償却を定額法により行った。この建物の取得価額は，¥10,000,000で，残存価額は取得価額の10％，耐用年数は20年である。減価償却に関する記帳の方法は，間接法によっている。

　　（借）減 価 償 却 費　450,000　　（貸）減 価 償 却 累 計 額　450,000

② 札幌商店は，年次決算につき2年前に購入した営業用の軽トラック（取得時の帳簿価額：¥1,500,000）の減価償却を定額法により行った。同資産の残存価額をゼロとし，耐用年数6年，記帳の方法は直接法によっている。

　　（借）減 価 償 却 費　250,000　　（貸）車　　　　　　輌　250,000

③ 北海道開発株式会社は，今会計年度に購入した¥500,000のOA機器類の減価償却を行った。この有形固定資産の減価償却は，年30％の償却率による定率法で行い，その記帳の方法は間接法による。なお同資産の取得は8月1日であり，決算日は12月31日，月割り計算を行う。

　　（借）減 価 償 却 費　62,500　　（貸）備品減価償却累計額　62,500

3．償却済み有形固定資産の売却

　有形固定資産は，その使用をつうじて経済的価値を生み出し，収益獲得に貢献します。経営計画の変更等で，資産の使用価値が認められなくなったときは，売却や除却が求められます。次に，資産の継続した使用をやめる場合の簿記処理を解説します。

償却対象資産の売却で，買い手が「保有者側が考える価値」よりも高い値段で買い取ってくれれば売却益が，それとは逆に安い値段を提示されれば売却損となります。売却価額は買い手が支払う金額なので，その金額の測定には問題はないと思います。「保有者側が考える価値」とは，保有者が把握している帳簿価額（簿価）です。直接法で記帳されていれば，有形固定資産の勘定の残高が簿価になります。間接法で記帳されている場合は，有形固定資産の勘定の借方の取得価額から，「減価償却累計額」勘定の貸方残高を差し引いた金額が，簿価となります。以下，間接法で記帳されている固定資産の簿価を算定してみてください。

建　　　　物	建物減価償却累計額
1/1 前期繰越 10,000,000	1/1 前期繰越 4,000,000

　固定資産売却損益の計算は「売却価額－簿価」という算式により計算されますが，間接法で記帳されている場合の計算式は，次のようになります。この計算式の結果が＋（プラス）であれば固定資産売却益となり，逆に－（△マイナス）であれば固定資産売却損です。

　　　　　固定資産売却損益　＝　売却価額　－（取得価額－減価償却累計額）

4．償却済み有形固定資産の売却時の仕訳

　固定資産売却に際し，売却代金の受取で考えられるパターンは，現金や小切手での受取り，預金口座への振込み，後日の代金回収などが想定されます。これらの場合は，売却価額で借方に「現金」，「当座預金」，「未収金」という仕訳を行います。売却による有形固定資産の消滅の仕訳を行いますので，貸方側には，この資産の科目で仕訳します。資産科目の金額に注意が必要であり，直接法ならば，その帳簿価額となりますが，間接法であればまず貸方へこの科目の取得価額で仕訳し，次に，借方に減価償却累計額の残高も仕訳します。

　これらの記入がすめば，残りは貸借の差を埋め合わせます。借方が不足する場合は，その不足額を「固定資産売却損」の科目で仕訳します。貸方が不足する場合は，その不足額を「固定資産売却益」の科目で仕訳します。たとえば，簿価¥100,000の備品を¥120,000で売却し代金を現金で受け取るような場合の仕訳では，まず，以下の仕訳をします。

　　　（借）現　　　　　　金　　120,000　　（貸）備　　　　　品　　100,000

　これだけでは，貸借が一致していませんので，貸借を一致するように，貸方に¥20,000を埋めてあげると，貸借が一致します。貸方側に埋め合わせるということは，その科目は「固定資産売却益」でなければなりません。次の仕訳を行えば，完成です。

　　　（借）現　　　　　　金　　120,000　　（貸）備　　　　　品　　100,000
　　　　　　　　　　　　　　　　　　　　　　　　　固定資産売却益　　 20,000

設例 9 － 3

① 北海道商店は自社所有の帳簿価額¥5,000,000の建物（この資産が属する年度の償却済みの価額）を清田不動産に¥5,500,000で売却し，代金は同不動産振出しの小切手で受け取った。この建物の減価償却に関する記帳は直接法であり，売却は期首に行われている。

　　（借）現　　　　　　金　5,500,000　　（貸）建　　　　　　物　5,000,000
　　　　　　　　　　　　　　　　　　　　　　　固定資産売却益　　　500,000

② 札幌商店は，4年前に購入した営業用の軽トラック（取得時の帳簿価額：¥1,500,000）を厚別自動車販売に¥300,000で売却し，代金は札幌商店の当座預金口座に振り込まれた。この資産の減価償却に関する記帳は間接法であり，¥1,000,000の「減価償却累計額」勘定残高（期首から売却時点までの減価償却費を計上済みの価額）がある。

　　（借）当　座　預　金　　300,000　　（貸）車　　　　　　輌　1,500,000
　　　　車輌減価償却累計額　1,000,000
　　　　固定資産売却損　　　200,000

③ 北海道開発株式会社は，かねて¥500,000で購入していたOA機器類の売却を決めた（売却価額は¥120,000）。同資産は定額法（残存価額ゼロ，耐用年数5年）・間接法で減価償却に関する記帳を行ってきている。売却日は9月30日で，決算日は3月31日である。同資産は今会計年度の期首までに3年が経過している。

　　（借）未　　収　　金　　120,000　　（貸）備　　　　　　品　　500,000
　　　　備品減価償却累計額　300,000
　　　　減　価　償　却　費　　50,000
　　　　固定資産売却損　　　30,000

④ 洞爺（とうや）観光開発株式会社は，自社で保有する観光汽船「虻田丸」（あぶたまる）の売却の契約が成立し，その代金の一部2,000万円を小切手で受け取った。売買契約は1億円であり，8億円で建造した同汽船は耐用年数10年，残存価額は取得原価の10％の定額法で減価償却を行っていた（その記帳は直接法によっている）が，7年間使用した時点で運行を停止していた。この間は係留しメンテナンスの費用等は一切，発生していない。

　　（借）現　　　　　　金　20,000,000　　（貸）船　　　　　　舶　296,000,000
　　　　未　　収　　金　　80,000,000
　　　　固定資産売却損　196,000,000

第3節　無形固定資産の簿記処理

1．無形固定資産とは

　有形固定資産が長期間の使用を予定し，有形の（物理的な形態を持つ）ものを言いました。具体的には，土地や建物，車輌，備品などを言います。土地を除くこれらの資産は時の経過などで，その資産の減価を認識し費用計上を行いました。これが，減価償却費の計上でした。無形固定資産の簿記処理も，有形固定資産の処理とほとんど同じ処理を行います。ここで無形固定資産とは，長期間の利用を予定し物理的な形態を持たないものを言います。具体的には，各種「法律上の権利」やコンピュータソフトの制作費用を資産化したもの，それに「のれん」などを言います。

　たとえば法律上の権利としての特許権とは，高度の技術的発明を独占的・排他的に使用する権利ですが，この権利を得るために要した支出を合計した額をもって，この無形固定資産の取得価額とします。その他に考えられる法律上の権利を列挙すると，実用新案権，意匠権，商標権，借地権などがあげられます。この本は簿記のテキストなので，それらの詳しい説明は省略します。

2．「のれん」の発生

　「のれん」（営業権）は，企業同士の合併や買収（M＆A）に際し，引き継いだ新会社が旧企業の純資産を超える金額を支払った場合に生ずる差額のことです。たとえば正当な評価額として，¥100のものがあったとします。それを¥200で買った場合の差額を言います。なぜそこまでして買わなければならないか，企業のM＆Aの場合で考えると，買収などのコストを上回るだけの収益が長期的に見込めるからだと考えるのです。超過収益力と言いますが，この収益力の計上は，M＆Aの場合にだけ認められるもので，自己で自社の営業力等の高まりを測定し，これを「のれん」として計上することはできません。「のれん」の発生・認識は，M＆Aなどで発生し，しかも対価を支払ってM＆Aをしたときに限られます。

3．「のれん」の簿記処理

　簿記の問題では「のれん」の金額の測定や，継続して「のれん」が計上されている場合の償却の問題が出題されます。「のれん」は諸外国の例では，償却をしない（非償却）とする実務も行われているようですが，日本では，その効果の及ぶ期間にわたり「規則的な償却を行う」方法で償却する処理が行われています。簿記処理で償却期間が明示されていれば，それにしたがい以下のとおり仕訳します。償却の計算方法は残存価額をゼロとし，定額法が一般的です。記帳も下記の仕訳からわかるように，直接法によります。

　　　　（借）の れ ん 償 却　　×××　　（貸）の　　れ　　ん　　×××

設例9-4

① 北海道商店は，かねてより申請していた特許が認められた。この開発に要した総支出 ¥1,000,000は「試験研究費」という科目でいったん処理していた。そのほかに特許申請に支払う費用が¥300,000あり，これは現金で支払った。

（借）特　許　権	1,300,000	（貸）試 験 研 究 費	1,000,000
		現　　　　　金	300,000

② 札幌物産株式会社（買収会社）は，手稲商事株式会社（被買収会社）を買収することを決定し，同商事の株主もこれに同意した。被買収会社の資産総額は¥2,500,000　負債総額が¥1,400,000と評価された。このような財政状態の被買収会社の株主に対して¥1,500,000の現金を支払い，株式を買い取った。

（借）諸　資　産	2,500,000	（貸）諸　負　債	1,400,000
の れ ん	400,000	現　　　金	1,500,000

③ 北海道開発株式会社は年次決算につき，今期首に発生した「のれん」（取得価額：¥1,000,000）の償却を行った。償却期間20年，残存価額ゼロとする定額法による償却で，記帳方法は直接法による。

（借）のれん償却	50,000	（貸）の　れ　ん	50,000

第4節　投資その他の資産

1．投資資産

前章では，満期保有目的の債券，子会社株式，関係会社株式，投資有価証券などの有価証券を解説しました。これらの有価証券は，売買を目的としない有価証券で長期保有が前提になっています。これらの有価証券の簿記処理は前章にあります。ここでは，決算時点でこれら有価証券を保有している場合の貸借対照表（B／S）への表示が問題になります。貸借対照表作成問題で，これらの資産を分類する際には，「投資その他の資産」の項目へ分類するようにしましょう。

2．その他の資産

貸付金という債権は，回収までに期間を要する場合があります。1年以内の回収を予定していれば，短期貸付金となり，1年超の貸付債権が長期貸付金となります。簿記では，短期の貸付金を単に「貸付金」勘定で，また長期の貸付金を「長期貸付金」勘定で処理します。

売上債権（売掛金）は，その回収期間が長期（1年超）であっても流動資産です。この債権が得意先の事情で，回収の可能性が懸念されるか，経営破綻の事態に至った場合には，新たに回収期間を見積もり，回収までに1年超を要する場合には，貸借対照表上のこの区分に分類します。売掛金は正常債権ですが，回収不能が確定した時，ないしはそのことが見込まれる場合には，破産債権や

更生債権への**振替**処理を行います。

設例9－5

① 北海海道商店は，得意先の豊平福住商店より資金援助の要請があり，¥100,000の小切手を振り出した。返済期間は3年間とする。

　　（借）長 期 貸 付 金　　100,000　　　（貸）当 座 預 金　　100,000

② 札幌商店は売上債権（売掛金）がある得意先が申請していた会社更生法の適用が決まったので，この債権を売掛金勘定から**振り替える**処理をした。債権の額は，¥500,000である。

　　（借）更 　生 　債 　権　　500,000　　　（貸）売 　　掛 　　金　　500,000

練習問題

1．次の各取引の仕訳をしなさい。使用する勘定科目は以下のいずれかとする。

現金，当座預金，売上，売掛金，備品，車輌運搬具，土地，支払手数料，支払運賃，未収金，仕入，買掛金，未払金，減価償却費，減価償却累計額，固定資産売却損，固定資産売却益，雑損，雑益，前払金，仮払金

(1) 事務用の机と椅子を3セット（1セット￥50,000）を買入れ，配達料（1セットにつき￥2,000）とともに小切手を振り出して支払った。

(2) 営業用のトラックの減価償却を行う。このトラックの取得価額は￥2,100,000で，残存価額をゼロ，耐用年数7年の定額法により減価償却を行うこととする。

(3) かねてより所有していた備品（取得価額￥100,000，この減価償却累計額残高￥90,000）を処分することとした。処理業者に支払う処理費用や運搬料など現金で￥10,000を支払い，処分に際し生じた差額は，雑損ないしは雑益として処理することとする。

(4) 会社が所有する営業用のバンを中古車買取店へ売却することとした。この車輌の取得価額は￥1,500,000であり，残存価額を取得原価の10％，耐用年数6年とする定額法で減価償却を行っているが，耐用年数終了2年経過後も使い続けていた。買取店が提示した価格は￥100,000であり，会社は売却を決定し代金は後日，現金で受け取ることになった。

(5) 中古車販売店の上記売買取引を仕訳するとどうなるか。この中古車は販売を予定しているが，とりあえず買い取った状態で転売することを考えている。

(6) 事務所で使うエアコンを購入した。当該機種の本体価格は￥500,000で，そのほかに配達料￥10,000と据え付け工事費用￥20,000を要した。本体価格の￥500,000は発注したときに仮払金で処理しており，配達料と据え付け工事費用は小切手を振り出した。

2．次の各取引の仕訳をしなさい。使用する勘定科目は，適切なものを用いること。

(1) 試算表に計上された備品の価額（取得価額）は￥1,500,000であるが，うち￥500,000は今期途中に購入し使用開始から半年が経過している。新旧2つの備品の減価償却費を計上するが，旧備品は残存価額を取得原価の10％，耐用年数9年とする定額法，年度途中の備品は償却率20％とする定率法による。

(2) 新社屋を建築することになり，建設業者にたいして当該工事代金の一部￥5,000,000は，約束手形を振り出した。

(3) 当社が所有する建物の減価償却を行う。この建物の取得価額は，￥50,000,000であり，今期も8％の定率法で減価償却を行うこととする。なお当該建物は2年まえの年度当初より使い始めて，まる2年が経過した。

(4) かねてより所有する備品（取得価額￥1,000,000）を年度途中に￥300,000で売却することとなり，代金は小切手で受け取った。償却率25％の定率法で減価償却を行ってきているが，期首（4月1日）時点の減価償却累計額残高は￥437,500で，12月1日に売却しており，この間の月割り計算も行う。

(5) 取得した「のれん」の償却を行うこととする。その帳簿価額は¥1,200,000で，これまでに5年が経過しており，この額は5回償却行った残額である。「のれん」の償却期間は20年である。
(6) M＆Aにより投資ファンドより株式を買い入れ，買収会社の株式の50％超を所有することとなった。買入価額は¥8,000,000であり，小切手を振り出した。

第10章　資本金と純資産

第1節　資本金

1．個人商店の資本

　店主が経営者であり出資者（株主）となるような会社形態を個人商店とすると、ここでの資本は資本金と一致します。資本とは貸借対照表の借方側の資産合計から貸方の負債合計を差し引いた部分（金額）です。資本のことを純資産とも言いますが、個人商店の場合は、資本（純資産）が資本金と等しいので、貸借対照表の借方合計は、負債合計と資本金の合計（貸方合計）に等しくなります。この等号関係を「**貸借対照表等式**」と言います。資本金とは勘定科目であり、仕訳する場合にはこの科目を使います。

　個人商店では、儲け（利益）がでると資本（金）が増え、逆に損失の場合は資本から補填します。個人商店と店主との関係は、上場企業で大会社のオーナー経営者と会社との関係とは異なります。このテキストでは、個人商店や中規模の株式会社（非上場）を前提とした簿記処理を解説していきます。

2．個人商店の資本取引

　ここでの資本取引とは、資本金の額を増加・減少させる取引と考えてください。起業するとき（元入れ開業時）、また追加出資（追加元入れ）のときは、資本取引です。資本金を減少させる取引も資本取引ですが、資本金を減少させる取引とは、赤字（当期純損失）の補填や店の商品を店主の家族で消費した（自家消費）場合や、商店の利益にかかる税金や店主へ課税される所得税を支払うときです。資本金増減の資本取引が発生した場合は、次のように仕訳します。

資本金の増加　　（借）現　金　な　ど　　×××　　（貸）資　本　金　　×××
資本金の減少　　（借）資　本　金　　×××　　（貸）現　金　な　ど　　×××

設例10－1
① 北海太郎は手持ちの資金¥500,000で北海道商店を起業した（元入れ開業）。
　　　　　（借）現　　　金　　500,000　　（貸）資　本　金　　500,000

② 鮮魚店を営む南郷商店の店主は，販売用の鮭1尾を家族の夕食用に使った。この商品の販売価格は¥7,000（仕入原価は¥5,000）であり，購入時には仕入勘定で処理している。

(借) 資　本　金　　5,000　　（貸) 仕　　　　入　　5,000

3．資本金の減少と「引出金」勘定

　個人商店では，期中取引で資本金を減少させる取引が頻繁に発生します。そこで「引出金（ひきだしきん）」勘定を設定して，この勘定の借方で資本金の減少額を記帳・記録していきます。「引出金」勘定の借方合計額を決算時にまとめて，資本金から減額する次のような仕訳を行います。

(借) 資　本　金　　×××　　（貸) 引　出　金　　×××

　上記処理（相殺仕訳）を行えば，「引出金」勘定の残高はゼロとなります。資本金の額も引出金の額だけ減少します。このような決算整理仕訳で「引出金」勘定残高は繰り越されません。「引出金」勘定は，「資本金」勘定に対する**評価勘定**です。

4．最終損益と「資本金」勘定への振替

　個人商店の当期損益（利益ないしは損失）は，「損益」勘定からも計算できます。以下の「損益」勘定をみてください。借方側（費用）の合計¥120,000と貸方側（収益）の合計¥200,000の差額は¥80,000ですが，「損益」勘定も貸借をバランス（一致）させます。貸方残¥80,000なので，少ない側（借方）に¥80,000を埋めます。

```
                    損       益
3/31 売上原価 100,000 | 3/31 売　　上 150,000
  〃  雑　　損  20,000 |  〃  受取利息  40,000
                    |  〃  雑　　益  10,000
```

＊決算日は3月31日で，収益・費用の各勘定残高を上記「損益」振り替えた後の状態

「損益」勘定の借方へ転記するためには，以下のような仕訳が必要です。

(借) 損　　　　益　　80,000　　（貸) 資　本　金　　80,000

　借方「損益」の相手科目，貸方の勘定科目が，資本金です。このような「損益」勘定から「資本金」勘定への移動のことを，**振替**と言います。利益が計上された上記の仕訳のことを「振替仕訳」と言います。損失のときは，上記振替仕訳と逆の仕訳になります。

(借) 資　本　金　　×××　　（貸) 損　　　　益　　×××

設例10－2

① 北海道商店は決算につき当期純利益¥500,000を計上した。この額を資本金勘定へ**振り替え**た。

　　　（借）損　　　　益　　500,000　　（貸）資　本　金　500,000

② 札幌商店の損益勘定は，借方合計が¥500,000，貸方合計が¥350,000となった。残額を「資本金」勘定へ**振り替え**た。

　　　（借）資　本　金　150,000　　（貸）損　　　　益　　150,000

第2節　資本金と剰余金

1．資本剰余金

　株式会社形態の中小企業では，株主からの出資を受けた場合，その全額を資本金とすることが求められていますが，全部を資本金としないこともできます。「株式の払い込み金額の2分の1の金額まで資本金としないことができる」との会社法の規定です。言いかえると，最低でも株式の払い込み金額の半分は，資本金としなければなりません。

　株式発行による会社設立や増資の時の仕訳において，簿記の問題で「会社法で認める最低額を資本金とする」という条件がつけられる場合があります。資本金としない額を処理する勘定科目は「株式払込剰余金」勘定ないしは「資本準備金」勘定です。この2つの勘定は，どちらでもいいのですが，簿記の問題では指示にしたがってください。たとえば総額1千万円の新株を発行し，「会社法で認める最低額を資本金とする」という条件がついた場合の仕訳は，以下の通りです。

　　　（借）×　　×　　×　10,000,000　　（貸）資　本　金　　　5,000,000
　　　　　　　　　　　　　　　　　　　　　　　株式払込剰余金　5,000,000

　「株式払込剰余金」勘定および「資本準備金」勘定は，ともに資本剰余金と言いますが，資本剰余金とは株主が出資する資金（株主からの拠出資本）のうち，資本金としない部分です。資本剰余金は，貸借対照表の「純資産の部」には資本金の次に表示されます。

2．利益剰余金

　資本剰余金と利益剰余金は剰余金という分類になります。資本剰余金と利益剰余金の違いは，その発生源泉が異なります。資本剰余金が株主からの拠出でしたが，利益剰余金は過去における稼得利益のうち企業内部に留保された蓄積利益部分です。

　簿記の問題では，「繰越利益剰余金」の処理の問題がよく出てきます。「繰越利益剰余金」とは，「損益」勘定の残額を**振り替える**勘定科目です。個人商店では，「損益」勘定残高は「資本金」勘定へ**振り替え**ましたが，株式会社形態の中小企業の簿記では，「損益」勘定残高は「繰越利益剰余金」勘定へ**振り替え**ます。さらに，利益からの配当を行う場合は，この勘定残高から支払われます。

2006年改正「会社法」から，株主への配当金の支払いは，定款の定めがあれば，取締役会の決定により，配当金の支払いが可能となりました。次に，配当金の支払いの決定がなされてから，配当金が支払われるまでの手続きを紹介していきます。「繰越利益剰余金」を原資とした支払いが前提です。まず，決算日に利益が予定されるならば，「損益」勘定から「繰越利益剰余金」勘定へ，その額の**振替**が行われます。次のような仕訳です。

　　　　　（借）損　　　　　益　　×××　　（貸）繰越利益剰余金　　×××

　決算手続き中の取締役会の決議，あるいは株主総会の議決により「繰越利益剰余金」からの配当（「繰越利益剰余金」の取り崩し）が決定したときの仕訳は以下の通りです。これ以外に金銭による配当を行う場合は，配当金の一部を利益準備金に組み入れる決まりもありますが，ここでは，その処理は省略します。

　　　　　（借）繰越利益剰余金　　×××　　（貸）未 払 配 当 金　　×××

　配当金の実際の支払いは，取締役会の議決による配当であれば決められた期日となり，株主総会の決議を経ての配当であれば，同領収書での受け取りを希望する株主に対して同総会の翌日付で配当金領収書を送付します。これ以外にその他の株主へは，当該企業の銀行口座から株主の銀行口座等への振込みがなされます。したがって，次の仕訳が行われます。

　　　　　（借）未 払 配 当 金　　×××　　（貸）当座預金（普通預金）　×××

補節　資本金の増加・減少に関する計算問題

1．期中に資本の増加・減少がない場合

　初級者向け検定試験の問題には，資本金の増加・減少にかかわる問題も，よく出題されます。簡単にこれらについても触れておくことにします。利益が出れば資本金は増加します。それとは逆に損失の場合は，資本金を減少させます。また，期首の資本金と比べて，期末の資本金が増加していれば，それは利益が発生していたとみなします。逆に，期末の資本金が少なければ，損失が発生していたと考えます。

　　　　　　　期首の資本金 ＋ 当期純利益 ＝ 期末の資本金
　　　　　　　期末の資本金 － 期首の資本金 ＝ 当期純利益

　この2つの式は，上記の説明を計算式にしたものです。当期純損失も式で表してみましょう。

　　　　　　　期首の資本金 － 当期純損失 ＝ 期末の資本金
　　　　　　　期末の資本金 － 期首の資本金 ＝ 当期純損失（マイナスの数値）

　当期純損失をマイナスの利益（簿記ではマイナスの場合は△をつけます）と考えるならば，期首の資本金 ＋（△当期純利益）＝ 期末の資本金，という式になります。

2．期中に資本金の増加・減少がある場合

期中において追加の元入れや引出しがなければ，上記の計算式でも大丈夫ですが，この2つの取引（追加元入れと引出し）があれば，これらの事象も考慮して計算しなければなりません。追加の元入れとは，資本金の増加要素です。株式会社であれば増資と呼ばれる事象です。引出しとは，株式会社であれば稀ですが，個人商店の場合は，店主が私的に店の金や商品を消費した場合の処理です。これらの事象がある場合の計算式を以下で示します。

期首の資本金 ＋ 追加の元入れ － 引出し ＋ 当期純利益 ＝ 期末の資本金

期首の資本金 ＋ 追加の元入れ － 引出し － 当期純損失 ＝ 期末の資本金

設例10－3

① 期首の資本金が¥300,000　期末の資本金が¥400,000の時の当期純損益（＋ならば当期純利益，－ならば当期純損失）を計算しなさい。

② 期末の資本金が¥500,000で，当期純利益が¥50,000の時の期首の資本金を計算しなさい。

③ 当期純損失が¥150,000（△150,000）で期末の資本金が¥700,000のときの期首の資本金を計算しなさい。

④ 期首の資本金が¥300,000で，追加の元入れが¥100,000　当期純利益が¥150,000の時の期末の資本金を計算しなさい。

⑤ 期首の資本金が¥500,000で期中の引出しが¥50,000あるときに，期末の資本金が¥480,000であれば，当期純損益はいくらになるか計算しなさい。

⑥ 期末の資本金が¥1,000,000　当期純利益が¥60,000　¥100,000の追加元入れが行われ，¥30,000の期中の引出しが行われたときの期首の資本金はいくらか，計算しなさい。

⑦ 期首の資本金が¥360,000　追加の元入れも行われたが不明であるが，期中の引出しが¥120,000　当期純損失が¥50,000　期末の資本金が¥400,000ということは，わかっている。追加元入れの額を計算しなさい。

解答

①当期純利益：¥100,000，②期首の資本金：¥450,000，③期首の資本金：¥850,000，④期末の資本金：¥550,000，⑤当期純利益：¥30,000，⑥期首の資本金：¥870,000，⑦追加元入額：¥210,000

練習問題

1．次の各取引の仕訳をしなさい。使用する勘定科目は以下のいずれかとする。

現金，当座預金，仕入，売上，土地，資本金，引出金，水道光熱費，租税公課，固定資産税，通信費，仮払金，損益

(1) 現金¥500,000を元入れして営業を開始した。

(2) 経営のパートナーより土地の提供を受けた。この土地の評価額は，¥1,000,000と鑑定された。

(3) 店主が商品（購入価額¥20,000）分を個人的に使用した。

(4) 今年度分の固定資産税の請求書が届いた。決定税額は¥100,000であり4回に分けて納税する。その第1期分を現金で納めたが，この固定資産税は店舗兼住宅にかかわる固定資産税である。のべ床面積の6割が店舗部分である。

(5) 決算の結果，当期純利益¥500,000を資本金勘定へ振り替えた。

(6) 年賀状1,000枚（1枚あたり52円）を発送したが，うち100枚は店主の個人的な分である。年賀状印刷は会社のプリンタで行ったので，その他のコストは，いっさい発生していない。なお，年賀状1,000枚を現金で購入したときに仮払金で処理していた。

2．次の各取引の仕訳をしなさい。使用する勘定科目は，適切なものを用いること。

(1) 新株を発行し増資を行い株主に割り当て，その代金が当座預金口座に振り込まれた。発行株式数は5,000株で1株につき4,500円だった。発行価額をすべて資本金に組み入れた。なお新株発行に伴う，その他の諸費用は発生していない。

(2) 総額5,000万円の公募増資の募集をしていたが，予定通りすべての引受先が決まり，幹事証券会社から後日代金が振り込まれるとの連絡を受けた。この増資では，総額のうち「会社法が定める最低額を資本金とする」ことにした。

(3) 今期決算では，¥500,000の当期純損失となることが決定した。この額を繰越利益剰余金勘定へ振り替える処理を行った。

(4) 繰越利益剰余金を原資として，株主へ配当金を支払う決定を行った。配当金の支払総額は¥3,000,000である。

(5) 損益勘定の費用合計が¥3,500,000であり，収益合計は¥4,500,000となった。決算につき，残高を繰越利益剰余金勘定に振り替えた。

第11章　決　算

第1節　決算とは

1．決算とは

　簿記による経理業務には**日常業務**と**決算業務**とがあります。日常業務では、日々の取引を取引ごとに仕訳帳に記録する「**仕訳**」、それを勘定科目別に総勘定元帳に整理する「**転記**」を行い、さらにその仕訳・転記の確認検算のために「**試算表**」を定期的に作成します。一方、決算業務ではその会計期間の末に、その期の損益を計算し、当該会計期間の経営成績と財政状態を明かにするための手続きを行います。

　決算手続きは決算予備手続きと**決算本手続き**、繰越試算表作成、報告書としての**財務諸表**（損益計算書,貸借対照表等）の作成に行程分類されます。しかし実務的・実質的にはこの決算手続きに入る直前の試算表作成以降を決算作業だと意識する向きもあります。それは決算業務に取り掛かる直前に日常取引の仕訳記帳の終了を示すために仕訳帳を締め切り、試算表を作成するからです。試算表には、**合計試算表**，**残高試算表**，**合計残高試算表**がありますが、決算直前に作成する試算表は、残高試算表ないし合計残高試算表です。決算手続きのなかで精算表を作成しますが、やはり精算表には各勘定の残高情報が必要です（第2章参照）。決算直前に作成される試算表には、これまでの記帳検算だけではなく、決算直前時点の各勘定の残高情報確認の目的があります。そのため残高試算表，合計残高試算表のいずれかが作成されます。こうしたことから、実務的・実質的には決算整理前残高試算表作成以降を決算とする意識があります。

2．決算予備手続きと決算本手続き

　決算のうち主要簿上で行う作業を**決算本手続き**と呼び、それ以前に行う手続きを**決算予備手続き**と呼びます。本手続きは決算内容を主要簿である仕訳帳と総勘定元帳に記帳するわけですから、これが簿記上の正式な決算記録となります。これに対して、決算予備手続きは、本手続きに先立ち会計担当者が決算の内容を把握し、主要簿上での作業ミスを軽減するために行います。

第2節　決算予備手続き

1．決算整理事項

　決算整理事項には2種類あります。一つは仕訳や転記などの誤りや漏れに起因するものです。これらは**付記事項**と呼ばれることもあります。一方、人為的ミスに起因するものではありませんが、

適正な損益算定のためにこれまでの記帳数値を修正・調整せねばならない簿記システム上の項目があります。簿記では通常の日常取引記録だけでは当該期間のすべての費用や収益を適正に補捉することはできません。そのため修正をせずそのまま損益計算に取り掛かってしまえば誤った損益が算定されます。決算では，それまでの記帳に対して誤りの訂正だけではなく，簿記システム上必要となる一定の修正・整理を行います。

ここでは決算時のミス訂正はともかく，簿記システム上必要となる整理事項について説明します。簿記では金銭収支や財貨・サービスの授受また債権・債務の確定（日時や金額）に基づいて，日常取引の記録である仕訳が行われます。こうした収支事実に基づく記帳は，取引の存在を見極めやすく，客観的です。これを一般に**収支主義**と呼びます。収支主義に基づく記録は客観性が高く記帳のタイミングを判断しやすいという利点があります。一方で，（a）必ずしも簿記上の取引すべてを記帳対象として捕捉できるわけではなく，また（b）仕訳記帳された収支額が必ずしもそのまま当期発生した収益・費用の額であるとも限らないなどの問題もあります。

前者（a）には，時間の経過とともに資産が自然風化したり，あるいは技術進歩に伴って陳腐化しその価値を下げていく現象，すなわち評価損や減価償却の計上があります。これは当該会計期間中に資産（建物や備品など）が減少し，費用（減価償却費）が発生する簿記上の取引です。しかし実際の収支を伴わない経済事象であるため，収支主義ではこれを記録対象として捕捉できません。

また後者（b）には，収益費用の見越繰延があります。継続して契約が成立している賃貸物件について，たとえば本年の11月および12月分の家賃を未だ受取っていないとします。収支事実による記帳数値に基づけば賃貸事実（収益の発生事実）額よりも2ヶ月分少ない受取家賃総額で当期の損益計算を進めることになります。これは不適切な損益算定です。適正な損益計算を行うために，期中の収支主義に基づく収益の記帳によって，当期発生の適正額を表すように決算修正します。主な決算整理事項を下に示します。

≪主な決算整理事項≫
- 売上原価の算定（第4章参照）
- 貸倒れの見積り（第5章参照）
- 有形固定資産の減価償却（第9章参照）
- 有価証券の評価替え（第8章参照）
- 収益・費用の見越繰延
- 現金過不足の処理（第3章参照）
- 消耗品ないし消耗品費の処理
- 引出金の整理（第10章参照）

上記のほとんどは前章までに解説されています。ここでは前章までに出てこなかった費用収益の見越繰延および消耗品の決算整理を見ていきます。

(a) 収益費用の見越繰延

以下，すべて会計期間は1月1日から12月31日までとします。

当社は継続した契約に基づいて家屋を賃貸しています。また家賃は10月分までしか受領していないとします。11,12月は賃貸事実に基づく受取家賃（収益）が発生しています。しかし収支がなかったので，その記帳はありません。そのためこの未収の家賃を受取家賃勘定に貸方記入し収益を計上します。同時に同額を未収家賃勘定（資産）に借方記入します。これを**収益の見越**と言います。また未収家賃勘定のような未収収益全般を**見越収益**と呼びます。

　今度は反対に家屋賃貸で家賃を翌年の2月分まで受領している場合です。収支主義で家賃を受領した時にこれを記帳しているので，受取家賃勘定には翌年2月分までが記帳されています。しかし2月分を算入したまま損益計算を進めるのは不適切です。そのため1から2月分家賃相当額を受取家賃勘定に借方記入し収益を取り消します。同時に同額を前受家賃勘定（負債）に貸方記入します。これを**収益の繰延**と言います。また前受家賃勘定のような前受収益全般を**繰延収益**と呼びます。

　次は継続して金銭貸借を受けているとします。また利息は6月分までしか支払っていないとします。7月から12月までの間も金銭貸借事実に基づく支払利息（費用）は発生しています。しかし収支がなかったのでその記帳はありません。そのためこの未払の支払利息を支払利息勘定に借方記入し費用計上します。同時に同額を未払利息勘定（負債）に貸方記入します。これを**費用の見越**と言います。また未払利息勘定のような未払費用全般を**見越費用**と言います。

同様の金銭貸借で，今度は逆に利息を既に翌年3月分まで支払っているとします。翌年1月から3月までの利息はこれを支払った際に既に記帳されています。しかしこの時期に対応した金銭貸借は未だ実施されてはいないので，これは当期費用とすべきではありません。そのため1から3月分相当額を支払利息勘定に貸方記入し費用を取り消します。同時に同額を前払利息勘定（資産）に借方記入します。これを**費用の繰延**と言います。また前払利息勘定のような前払費用全般を**繰延費用**と言います。

　決算時に収益費用の見越繰延を行った結果，計上される未収収益（資産）・前受収益（負債）・未払費用（負債）・前払費用（資産）の4つの勘定科目を**経過勘定科目**と呼びます。

(b) 消耗品の決算整理

　消耗品とは筆記用具やコピー用紙など概ね一年以内で消費してしまうことが前提とされる資産を言います。これらを購入した時は資産ですから，原則的に以下の通り仕訳します。

　　　　　（借）消　耗　品　　×××　　（貸）現　金　等　　×××

消耗品は金額的に僅少ですから，資産として管理するまでもないため，購入時に次の通り処理することも認められています。

　　　　　（借）消耗品費　　×××　　（貸）現　金　等　　×××

　以下ではこのことを踏まえて，決算時における消耗品ないし消耗品費勘定の決算処理をみておきます。

設例11-1

　当期は消耗品を¥100,000購入している。決算時の消耗品の未使用高は¥26,000であった。以下二つの場合について決算時の仕訳を示しなさい。

　① 消耗品の購入時に，これを全額消耗品勘定で処理している。
　　　　　（借）消耗品費　　74,000　　（貸）消　耗　品　　74,000
　② 消耗品の購入時に，これを全額消耗品費勘定で処理している。
　　　　　（借）消　耗　品　　26,000　　（貸）消耗品費　　26,000

　購入時に消耗品勘定で処理している①の場合は，決算時に購入額（¥100,000）から未使用高（¥

26,000）を差し引き，費消額（76,000＝100,000－24,000）を算定し，これを消耗品費勘定に費用の発生として振り替えます。一方，購入時にその費消を前提として消耗品費勘定で処理している②の場合は，決算時に確認した未使用高を，消耗品費の取消しとして貸方記入するとともに消耗品勘定にその未使用額分を振り替えます。

2．精算表作成

　精算表にはいくつかの種類があります。ここでは6桁精算表と8桁精算表とを取り上げ，精算表を作成する意義についてみていきます。

　6桁精算表は総勘定元帳に開設された全ての勘定口座を精算表の上で損益計算書項目と貸借対照表項目に分離し，損益（当期純利益または当期純損失）算定を精算表の上で行う機能を持っています。但し，この6桁精算表は，決算整理すべき事項は何一つない，つまり各勘定残高数値からそのまま損益算定をしても不適切はないという前提に立ちます。実際に決算において決算整理事項がないという例は現実的ではありません。6桁精算表は実際のところ決算で使用されるのではなく，期中にその時点の各勘定残高から損益状況を暫定的に把握したい場合などに利用されます。

　次に8桁精算表です。実際の決算では，適正な損益計算を行うためにいくつもの勘定に対して決算整理が必要です。この決算整理に関する事項を記載する欄が整理記入欄（修正記入欄）です。8桁精算表では残高試算表欄の右隣に配置しています。決算整理事項の一例を仕訳で示すと以下のようになります。

　　① 期末商品棚卸高が￥40,000ある。
　　　　　（借）　繰越商品　　　40,000　　（貸）　仕　　　入　　40,000
　　② 備品建物それぞれに￥13,500と￥45,000の減価償却を行う。
　　　　　（借）　減価償却費　　58,500　　（貸）　備　　　品　　13,500
　　　　　　　　　　　　　　　　　　　　　　　　　建　　　物　　45,000
　　③ 翌会計期間において受取るべき1月の家賃支払いを受けた。
　　　　　（借）　受取家賃　　　50,000　　（貸）　前受家賃　　　50,000
　　④ 翌会計期間において支払うべき2ヶ月分の保険料を納めている。
　　　　　（借）　前払保険料　　30,000　　（貸）　保　険　料　　30,000

　この仕訳数値それぞれを，該当の勘定科目行（横）と整理記入欄の借方もしくは貸方（縦）の交わったマス目に記入します。すべての数値を記入し終えたら，整理記入欄の縦列の合計を出します。次いで勘定科目欄の上から順に精算します。各科目の残高試算表欄数値に整理記入欄の数値を加減し，その結果を科目の属性に応じて貸借対照表欄ないし損益計算書欄に記入していきます。

　全科目の数値記入後，損益計算書欄の借方・貸方，貸借対照表欄の借方・貸方それぞれの列の合計を計算します。ここで仮計算した損益計算書欄の借方計と貸方計は同額とはなりません。また貸

借対照表欄の借方計と貸方計も同額とはなりません。しかし損益計算書における貸借差額と貸借対照表における貸借差額とは同額となります。

　損益計算書欄の貸借差額は決算整理後の当期収益総額と当期費用総額の差額を意味します。つまり損益計算書欄の貸借差額は当期の純利益または純損失を意味します。一方，貸借対照表欄の借方は決算（期末）時点での資産総額を，貸方は決算（期末）時点での負債総額と期首時点当初から保有していた資本（純資産）額の合計を表します。そのため貸借対照表欄の貸借差額は資本（純資産）が期首から期末にかけて増減した額を意味します。損益計算書欄で算定される損益額（当期純利益ないし当期純損失）と貸借対照表欄で算定される資本（純資産）の増減額は一致します。勘定科目欄に「当期純利益」ないし「当期純損失」と記し，損益計算書欄および貸借対照表欄に上記の額を記入し，最終的な各列の計を再計算して合計値を記入します。

　精算表作成では決算整理事項の仕訳を考慮しながら作業しますが，その仕訳を仕訳帳に記帳することはしません。精算表作成はあくまでも仕訳帳や総勘定元帳といった正式な記録としての意味を持つ主要簿への記帳に先立って，損益算定をシュミレーションするものなので，メモとしての仕訳と正規の記録としての仕訳帳への仕訳とは，決算手順として混同がないように峻別しなくてはなりません。

設例11-2

　以下の取引および決算整理事項に基づき，日常取引の仕訳から決算における精算表作成までを行いなさい。また期首資本金，期末資本金，当期純損益の額はいくらか。なお，会計期間は12月1日から12月31日であった。

　12月1日　現金¥1,000,000と建物¥3,000,000を元入れ，開業。
　12月4日　商品¥100,000を掛で仕入れた。
　12月8日　商品¥50,000を仕入れ，¥20,000は現金で支払い，残額は掛けとした。
　12月14日　備品¥300,000を現金で購入。
　12月19日　商品¥80,000で売上げ，代金は掛けとした。
　12月21日　商品¥110,000で売上げ，代金は¥20,000を現金で受け取り，残額掛けとした。
　12月25日　商品販売の代行を行い，手数料として現金¥80,000を受け取った。
　12月28日　家賃として¥100,000を現金で受け取った。
　12月30日　保険料として¥70,000を現金で支払った。

整理事項

　12月31日　期末商品棚卸高は¥40,000である。
　12月31日　備品は取得原価¥300,000。残存価額は取得原価の1/10。耐用年数10年として減価償却を定額法で行う。ただし，1ヶ月間しか使用していない。
　　　　　　建物は取得原価¥3,000,000。残存価額は取得原価の1/10。耐用年数30年として減価償却を定額法で行う。ただし，1ヶ月間しか使用していない。

12月31日　受取家賃のうち¥50,000は来年1月分である。

12月31日　保険料のうち¥30,000は来年1月および2月分である。

①仕訳帳へ日常取引記帳

12月1日	現　　　金	1,000,000	資　本　金	4,000,000
	建　　　物	3,000,000		
12月4日	仕　　　入	100,000	買　掛　金	100,000
12月8日	仕　　　入	50,000	現　　　金	20,000
			買　掛　金	30,000
12月14日	備　　　品	300,000	現　　　金	300,000
12月19日	売　掛　金	80,000	売　　　上	80,000
12月21日	現　　　金	20,000	売　　　上	110,000
	売　掛　金	90,000		
12月25日	現　　　金	80,000	受取手数料	80,000
12月28日	現　　　金	100,000	受取家賃	100,000
12月30日	保　険　料	70,000	現　　　金	70,000

②総勘定元帳へ日常取引の仕訳を転記

```
           現        金              1                  売 掛 金            2
12/1 資 本 金 1,000,000 | 12/8 仕   入    20,000     12/19 売   上  80,000 |
  /21 売   上    20,000 | /14 備   品   300,000       /21 売   上  90,000 |
  /25 受取手数料 80,000 | /30 保 険 料   70,000
  /28 受取家賃  100,000 |

           備        品              3                  建      物          4
12/14 現     金   300,000 |                     12/1 資 本 金 3,000,000 |

           買   掛   金              5                  資 本 金            6
                         | 12/4 仕   入   100,000                       | 12/1 諸  口 4,000,000
                         | /8 仕   入    30,000

           売        上              7                  受取手数料          8
                         | 12/19 売 掛 金  80,000                       | 12/25 現   金   80,000
                         | /21 諸    口  110,000

           受 取 家 賃                9                  仕      入         10
                         | 12/28 現     金  100,000    12/4 買 掛 金 100,000 |
                                                       /8 諸    口  50,000 |

           保   険   料              11
12/30 現     金    70,000 |
```

③試算表作成

試算表　　　　　12月31日

借方残高	借方合計	勘定科目	貸方合計	貸方残高
810,000	1,200,000	現　　　金	390,000	
170,000	170,000	売　掛　金		
300,000	300,000	備　　　品		
3,000,000	3,000,000	建　　　物		
		買　掛　金	130,000	130,000
		資　本　金	4,000,000	4,000,000
		売　　　上	190,000	190,000
		受取手数料	80,000	80,000
		受取家賃	100,000	100,000
150,000	150,000	仕　　　入		
70,000	70,000	保　険　料		
4,500,000	4,890,000		4,890,000	4,500,000

④精算表作成

精算表　　　　　12月31日

勘定科目	元丁	残高試算表欄 借方	残高試算表欄 貸方	整理記入欄 借方	整理記入欄 貸方	損益計算書欄 借方	損益計算書欄 貸方	貸借対照表欄 借方	貸借対照表欄 貸方
現　　　金	1	810,000						810,000	
売　掛　金	2	170,000						170,000	
備　　　品	3	300,000			2,250			297,750	
建　　　物	4	3,000,000			7,500			2,992,500	
買　掛　金	5		130,000						130,000
資　本　金	6		4,000,000						4,000,000
売　　　上	7		190,000				190,000		
受取手数料	8		80,000				80,000		
受取家賃	9		100,000	50,000			50,000		
仕　　　入	10	150,000			40,000	110,000			
保　険　料	11	70,000			30,000	40,000			
繰越商品	12			40,000				40,000	
減価償却費	13			9,750		9,750			
前受家賃	14				50,000				50,000
前払保険料	15			30,000				30,000	
当期純利益						160,250			160,250
		4,500,000	4,500,000	129,750	129,750	320,000	320,000	4,340,250	4,340,250

期首資本金の額	（¥　4,000,000　）
期末資本金の額	（¥　4,160,250　）
当期純利益の額（当期純利益）	（¥　　160,250　）

　この設例では，①日常取引の仕訳　→　②その転記　→　③決算整理前試算表作成　→　棚卸表作成（設例では棚卸表作成は割愛）　→　④精算表作成までを要求しています。精算表作成段階では決算整理事項に関する仕訳を仕訳帳に記帳しません。棚卸表・精算表作成は，決算のリハーサルに過ぎないのです。

第3節　決算本手続き

1．決算仕訳とその転記

　決算本手続きとは，予備手続きで把握した決算内容を，正規の記録に残すための手続きです。正規の記録とは主要簿である仕訳帳と総勘定元帳とに記帳することです。決算に際し行われる仕訳は日常取引の仕訳と区別して**決算仕訳**と呼ばれます。この決算仕訳のうち下記①に該当する仕訳を**決算整理仕訳**，②に該当する仕訳を**決算振替仕訳**と呼びます。

①　決算整理 　・仕訳帳への仕訳 　・総勘定元帳への転記		②　決算振替 　・仕訳帳への仕訳 　・総勘定元帳への転記

　決算整理に関する仕訳を仕訳帳に記載，次いでそれを総勘定元帳に転記します。この作業で各勘定口座の修正が完了したことになります。しかしこのままでは各勘定が適正な記録になっているというだけです。損益算定の根拠となる当期の収益総額や費用総額も，また総収益・総費用の差額として算定される当期純利益ないしは当期純損失額も把握・記帳されていません。そこで，これらを記録に残すために，決算振替に関する仕訳・転記が行われます。これは3段階の作業となります。

① 各収益勘定の残高を集計し，総収益額を算定・記帳　（各収益勘定の損益振替）
② 各費用勘定の残高を集計し，総費用額を算定・記帳　（各費用勘定の損益振替）
③ 収益総額と費用総額の差額である当期損益を算定・記帳
　　　　　　　　　　　　　　　　　　　　（損益勘定残高の純資産（資本金勘定）振替）

　収益・費用の集計やその差額を把握する作業場所として，総勘定元帳に新たに損益という勘定口座を開設します。売上や受取家賃など全ての収益勘定残高を損益勘定の貸方に，また給料や支払利息などの全ての費用勘定残高を損益勘定の借方に移し替えます。各収益・費用の残高を損益勘定に移動することで，この段階での損益勘定の貸方合計は収益総額を，損益勘定の借方合計は費用総額を示すことになります。このように記録場所をある勘定口座から他の勘定口座へ移動することを振替と言いましたが，決算時に行われる損益への振替を特に**決算振替**と言います。

　売上勘定の残高¥150,000と受取家賃勘定の残高¥10,000を損益勘定に振り替える場合の仕訳は以下のようになります。

　　　　　　　　　（借）売　　　　上　　150,000　　（貸）損　　　　益　　160,000
　　　　　　　　　　　　受 取 家 賃　　 10,000
　　　　　　　　　　　　（収益の消滅）　　　　　　　　　　　（収益の発生）

これは売上勘定に記録されている¥150,000を消滅させ，同額を損益勘定の貸方に収益の発生として記録しなおす仕訳であり，受取家賃勘定についても同様です。このように各々の収益勘定の残高記録を消滅させ，逐次，損益勘定貸方に振り替えます。この決算振替仕訳を転記処理することによって損益勘定貸方には全ての収益額が集計されます。

　同様に，費用を損益勘定借方に振り替えます。仕入勘定の残高¥80,000，給料勘定の残高¥10,000，減価償却費勘定の残高¥30,000の損益振替えを一つの仕訳で示すと以下のようになります。

　　　　（借）損　　　益　　120,000　　（貸）仕　　　入　　80,000
　　　　　　（費用の発生）　　　　　　　　　　給　　　料　　10,000
　　　　　　　　　　　　　　　　　　　　　　減価償却費　　30,000
　　　　　　　　　　　　　　　　　　　　　　（費用の消滅）

　これは仕入，給料，減価償却費勘定の残高として把握されている当期発生額分の記録をそれぞれ当該勘定口座から消滅させ，同額を損益勘定借方に費用の発生として記録し直す仕訳です。各々の費用勘定残高を損益勘定借方に振り替えることで損益勘定借方にはすべての費用額が集計されます。

　ところで仕訳の貸方勘定¥160,000を損益勘定の貸方に転記する場合も，また借方損益¥120,000を損益勘定の借方に転記する場合も，通常の転記であれば¥160,000や¥120,000は複数種類の相手科目勘定によって構成されているので特定の相手科目名を金額に付すのではなく「諸口　120,000」と記載することになっていました。しかし決算振替仕訳では諸口を使用しません。相手勘定科目が複数種で構成されている場合は，その内容を内訳として個別に転記します。たとえば「諸口　120,000」に替えて，借方には「仕入　80,000」「給料　10,000」「減価償却費　30,000」と一行ずつ3行にわたり記載します。そのため決算振替をまとめて仕訳しても，損益の勘定口座には一つ一つの収益・

費用勘定とその金額が一覧化されます。

　決算振替を転記した後の損益勘定では，貸方は総収益額，借方は総費用額，また残高は総収益と総費用の差額つまり当期の純利益または損失を表します。損益勘定に貸方残高があれば当期純利益，借方残高があれば当期純損失が算定されたことになります。

　損益勘定の残高として確認された損益額（当期純利益または当期純損失）は，当期の営業活動の成果でありこれは純資産（資本金）の増減に帰結します。そこで決算の最後の仕訳は損益勘定残高を資本金勘定へ振り替えます。この場合は当期利益が40,000となりますので，

　　　　（借）　損　　　益　　40,000　　（貸）　資　本　金　　40,000

となります。損益勘定に貸方残高として記帳されている記録を消滅させるとともに，その額を資本金勘定の増加として貸方記入します。

第4節　仕訳帳および総勘定元帳の締切り

　損益勘定残高を純資産に振り替える仕訳とその転記をもって当期の仕訳帳および総勘定元帳への記帳は終了です。仕訳帳および総勘定元帳において当期の記帳がすべて終了したことを明示するために，それぞれの**帳簿の締切り**を行います。仕訳帳の締切りは，金額欄の借方・貸方それぞれの列の総計額を最終行に記載し，それが合計値であることを示す合計線（二重線）を数値の下に付して完了です。一方，総勘定元帳の締切りは，勘定口座ごとに残高があればその額を次期繰越額として数値とともに，残高が存在する反対側に記載していきます。たとえば現金勘定であれば借方に残高が存在するので，「次期繰越」とその額を貸方に記します。更に借方・貸方の各総計を算出・記載します。次期繰越額を含めた総計値なので，貸借額は必ず一致します。ここでも総計値には合計値であることを示す合計線を付します。また次期繰越という文字およびその数値は朱書（赤書）にします。これは勘定口座内の他の項目・数値がいずれも仕訳の転記に基づくものであるのに対し，この次期繰越は貸借差額から求めた数値であることを示しています。

　帳簿の締切りはこれで終了です。しかし帳簿の締切りに際し，併せて開始記入を行うことがあります。開始記入は，本来，翌期首日の当期取引記帳前に，各勘定の前期からの繰越額残高を記載していく作業です。つまり決算業務ではありません。しかし決算において次期に繰り越す額は必ずそのままその勘定口座にとって前期からの繰越額すなわち「前期繰越」になるので，一連の決算作業の流れの中でこれを行うことがあります。

第5節　繰越資産表作成

　日常取引の仕訳・転記の検算行為として試算表作成が実施されることは前述しました。一連の決算が誤りなく行われているのかを確認する目的で決算仕訳・転記のあとにも試算表を作成します。この試算表は総勘定元帳の次期繰越額を集計して作成するので，**繰越試算表**と呼ばれます。

　繰越試算表の一例を下の通り示しましたが，同表は通常の試算表と異なり収益や費用に関する科目がありません。決算振替仕訳で，収益・費用の勘定残高はすべて損益に振り替えたので，これらの勘定口座には残高は存在せず，また次期繰越もありません。したがって繰越試算表には収益・費用の科目はなく，資産・負債・純資産の科目のみで構成されます。

繰越試算表

700,000	現　　　金	
1,100,000	売　掛　金	
150,000	繰越商品	
9,100,000	建　　　物	
	買　掛　金	700,000
	借　入　金	4,000,000
	資　本　金	6,325,000
30,000	前払保険料	
	前受家賃	40,000
	支払利息	5,000
11,080,000		11,080,000

第6節　損益計算書および貸借対照表の作成

　決算が終了するとその内容を財務諸表にまとめます。ここで財務諸表作成の資料となるのが，正式な記録である総勘定元帳です。損益計算書は総勘定元帳の損益勘定を参照しながら作成します。両者は非常に似通った体裁をしています。損益勘定には決算振替仕訳の転記によって，仕訳の相手勘定科目名として記載した費用ないし収益の各科目名とその金額が並んでいます。損益計算書ではそれらをそのまま書き写します。ついで収益総額と費用総額の差額に当たる部分を書き写す作業に入ります。しかしここは損益勘定をそのまま書き写すことはしません。損益勘定ではこの部分を資本金勘定などの純資産に振り替えたので，相手勘定科目として「資本金」という科目名が付されています。しかし損益計算書ではこの金額に「資本金」とは付さずに，「当期純利益」または「当期純損失」と付記します。なお，ここでの当期純利益ないし当期純損失の項目とその金額表示は朱書（赤書）です。

　ついで貸借対照表を作成します。貸借対照表には期末時点の資産・負債・純資産の額を記載します。資料は総勘定元帳の資産・負債・純資産の勘定口座の「次期繰越」です。しかしこの次期繰越

は総勘定元帳のそれぞれの口座に分散して記載されていますから，これらを一つ一つ拾い上げていくのは大変です。そのため資料の信憑性を損なわず，かつ作業効率を上げるため，総勘定元帳の「次期繰越」ではなく，それらから作成した繰越試算表を実際には参照します。まず貸借対照表の各資産・負債項目を繰越試算表から書き写します。ついで純資産（資本金勘定）を参照します。繰越試算表では期首の資本金に当期の純損益（当期利益または当期損失）が加減された期末時点の額が記されています。しかし貸借対照表ではこれを書き写すのではなく，この期末時点の資本金を，期首時点から存在していた資本金と期中に当期利益ないし当期純損失として増減した額とに区分して表示します。期首の資本金を貸方に記載した後，当期純利益があれば，（期首）資本金の下「当期純利益」と表示してこの額を記します。また当期純損失の場合は，期首資本金の表示は同じですが，当期純損失は借方に赤（朱）書で記載します。

補節　大陸式決算と英米式決算

　決算の方法には大陸式と英米式があります。上記では英米式を紹介しました。ここでは大陸式の手続き詳細を紹介することはしませんが，その概要に触れておきます。上記で解説した英米式決算の手続きに，決算振替がありました。これは各収益および各費用の勘定残高を損益勘定に振り替える手続きでした。この手続きによって各収益勘定・各費用勘定は残高内容を失い，一方，損益勘定にその内容が引き継がれました。この手続きの意義は各収益・費用の残高状況の一覧性確保すること，および損益勘定の残高として当期純損益（当期純利益ないし当期純損失）を把握ができることです。

　大陸式決算でも同様に，収益・費用を損益に振り替えます。しかし収益・費用だけでなく，資産・負債・純資産も，「決算残高」という勘定を開設しそこへ振り替えます。そのため決算残高勘定に期末資産・期末負債，そして当期純利益ないし当期純損失の影響を受けて増減変化する前の純資産（ここでは資本金勘定）が一覧化されます。また決算残高勘定の貸借差額は，損益勘定同様，当期の純損益を表わします。大陸式決算では損益勘定だけではなく，決算残高勘定でも当期純損益を確認できます。損益勘定によって算定される当期純損益額も，決算残高勘定によって算定される当期純損益額も同額のはずですから，両者に不一致があれば何らかの作業ミスがあったことになります。この点，大陸式決算は手間はかかりますが検証性の高い決算方法と言えます。

　しかしミスさえ犯さなければ英米式でも大陸式でも算定される純損益額は同じです。そのため大陸式の簡略法として英米式は広く利用されています。なおここで英米とはアングロ・アメリカン型，大陸とはフランコ・ジャーマン型のことで，「大陸式」とはフランス，ドイツでかつて一般に行われていた方法に由来する名称です。

練習問題

以下の勘定記入面により合計試算表を作成し，棚卸表によって，精算表を決算振替仕訳・その転記までを行いなさい。なお，決算日は×2年12月31日とする。

総勘定元帳（日常取引を記帳済み）

現　金　1
1/1	前期繰越	500,000	9/5	仕入	500,000
8/6	受取家賃	520,000	10/4	保険料	100,000
10/2	売掛金	700,000	12/2	支払利息	120,000
			12/3	買掛金	300,000

売掛金　2
1/1	前期繰越	300,000	10/2	現金	700,000
10/1	売上	900,000			
11/3	売上	600,000			

繰越商品　3
1/1	前期繰越	200,000

建物　4
1/1	前期繰越	9,400,000

買掛金　5
12/3	現金	300,000	1/1	前期繰越	200,000
			9/5	仕入	500,000
			10/4	仕入	300,000

借入金　6
	1/1　前期繰越	4,000,000

資本金　7
	前期繰越	6,200,000

売上　8
10/1　売掛金	900,000	
11/3　売掛金	600,000	

受取家賃　9
	8/6　現金	520,000

仕入　10
9/5　諸口	1,000,000	
10/4　買掛金	300,000	

保険料　11
10/4　現金	100,000	

支払利息　12
12/2　現金	120,000	

（　　　）　13

（　　　）　14

（　　　）　15

（　　　）　16

（　　　）　17

棚　卸　表

福岡商店	平成12年12月31日		（単位：円）
勘定科目	適　用	内　容	金　額
売 上 原 価	期末商品棚卸高		150,000
建　　　物	木造3階建店舗　1棟 平成×0年1月1日取得 取得原価　　10,000,000 帳簿価額　　9,400,000 残存価額　取得原価の1/10 償却方法　定額法 記帳方法　直接法	9,400,000 300,000	 9,100,000
前 払 保 険 料	火災保険料　13年1～3月分（3ヶ月）		30,000
前 受 家 賃	賃貸アパート1月分（1ヶ月）		40,000
未 払 利 息	借入金に対する12月分（1ヶ月）		15,000

合計残高試算表

借方		勘定科目	貸方	
残高	合計		残高	合計
		現　　金		
		売　掛　金		
		繰越商品		
		建　　物		
		買　掛　金		
		借　入　金		
		資　本　金		
		売　　上		
		受取家賃		
		仕　　入		
		保　険　料		
		支払利息		

福岡商店　　　　精　算　表（8桁）　　　　12月31日

勘定科目	残高試算表欄		整理記入欄		損益計算書欄		貸借対照表	
	借方	貸方	借方	貸方	借方	貸方	借方	貸方
現　　金								
売　掛　金								
繰越商品								
建　　物								
買　掛　金								
借　入　金								
資　本　金								
売　　上								
受取家賃								
仕　　入								
保　険　料								
支払利息								

問い

当期純（利益・損失）の額はいくらか。　　Ans.　　　　　　

期首資本の額はいくらか。　　Ans.　　　　　　

期末資本の額はいくらか。　　Ans.　　　　　　

当期売上原価はいくらか。　　Ans.　　　　　　

売上総利益はいくらか。　　Ans.

第12章　本支店会計

第1節　支店会計の独立

　1つの店舗だけで営業していた会社が事業規模を拡大し，複数の支店を設けるようになった場合，本店と支店という関係ができます。本店，支店と区別されても同じ会社なので，本店と支店の利益などは最終的には通算され，会社全体の利益となります。しかしながら，支店の会計処理を本店で記帳するよりも支店ごとに帳簿を設け，会計処理をシェアさせた方が効率的に良いとも言えます。そうすることにより，支店そのものの資金の流れや，利益の状況を把握することができ，ひいては経営管理上および支店スタッフの業績評価にも役立ちます。

　このように，支店が支店独自の帳簿を持ち，本店から独立して会計処理を行う制度を支店独立会計制度と言います。また，支店独立会計制度に対して本店のみで帳簿を設け，本店でのみ会計処理を行う会計制度を本店集中会計制度と呼び区別されます。本章では支店独立会計制度について説明します。

第2節　本店勘定と支店勘定

　支店独立会計制度は，支店を会計上独立したものとして支店独自の会計処理を行います。このように支店独自の会計処理が行われるようになると，支店と本店間で発生する取引をどのように処理するかが問題になります。このような場合には，支店は，本店に対する債権・債務に関して本店勘定を用いて処理します。逆に，本店では支店に対する債権・債務に対しては支店勘定を設けて処理します。支店勘定と本店勘定は，たとえば，支店の本店に対する債権は本店にとっては債務となるなど，下記の勘定にもあるように各々の残高は貸借逆で必ず一致することとなります。

設例12－1
　盛岡商事は支店を開設し，本店にて記帳していた以下の債権債務を支店の帳簿に移すことになった。支店開設に伴う仕訳を本店，支店の両方行いなさい。なお，支店の開設に当たっては支店独立会計制度を採用している。
現金￥50,000，売掛金￥25,000　備品15,000　借入金￥20,000

　　　　　　　本店（借）支　　　店　　70,000　　（貸）現　　　　金　　50,000
　　　　　　　　　　　借　入　金　　20,000　　　　　売　掛　金　　25,000
　　　　　　　　　　　　　　　　　　　　　　　　　　備　　　品　　15,000

　　　　　　　支店（借）現　　　　金　　50,000　　（貸）本　　　店　　70,000
　　　　　　　　　　　売　掛　金　　25,000　　　　　借　入　金　　20,000
　　　　　　　　　　　備　　　品　　15,000

　設例からもわかるように支店独立会計制度においては，本店と支店との間に形式上，債権債務関係が生じるような仕訳になります。

第3節　本支店間取引

　支店を持ち，支店独立会計制度を採用している会社では，第2節のように支店に移転させるような処理を行った後，実際にそれぞれ営業が営まれ，本店および支店での記帳・仕訳が行われていくことになります。そして，本店および支店間の取引も支店独立会計制度においては発生することになります。この本支店間の取引には，下記の本店の支店勘定と支店の本店勘定にあるように，本支店間の送金取引，商品の積送取引，他店の債権および債務の受取・支払をする取引，他店の営業費用を収益および費用を立て替えるような取引があります。

〈本　店　側〉　　　　　　　　　　　〈支　店　側〉
　　　　　支　店　　　　　　　　　　　　　本　店
支店への貸し　○○ ｜ 支店からの借り　××　　　本店への貸し　×× ｜ 本店からの借り　○○

1．本支店間の送金取引
　本店および支店の間で手持資金の供給をしあうことがあります。これが，本支店間の送金取引です。この場合，本店が現金を支店に送金した場合は，本店においては借方が支店勘定，貸方が現金勘定に記入されます。逆に資金の提供を受けた支店においては，借方が現金勘定，貸方が本店勘定となります。

設例12－2
　本店は支店へ現金¥45,000を送金した。

　　　　本店（借）支　　　　店　　45,000　　（貸）現　　　　金　　45,000
　　　　支店（借）現　　　　金　　45,000　　（貸）本　　　　店　　45,000

２．本支店間での商品の積送取引

　本店で仕入れた商品または支店で仕入れた商品を支店または本店で販売することがあります。この場合，本支店間で商品が振り替えられ，積送されることになります。

　このような本支店間で商品を積送する際の価格は(1)原価で積送される場合，(2)原価に一定の利益を加算して積送される場合があります。また，本支店間で商品を積送する際の価格を振替価格と言います。

(1) 原価で積送する場合

　（仕入）原価で商品を積送する場合には，商品を積送する側は仕入勘定の貸方に記入します。また，借方には本店が支店に積送した場合は，支店勘定に記入し，支店が本店に積送した場合には本店勘定に記入されます。

(2) 原価に一定の利益を加算して積送する場合

　次に，原価に一定の利益を加えて商品を積送する場合です。この場合，本店が支店へ積送した場合は，本店側の仕訳は会社外部への通常の売上勘定と区別するために，**支店へ売上**勘定の貸方に記入します。借方は支店勘定に記入します。また，支店側の仕訳は，会社外部からの仕入と区別するため**本店より仕入**勘定に借方記入し，貸方は本店勘定に記入します。逆に，支店が本店へ積送した場合は，本店側は借方**支店より仕入**勘定，貸方支店勘定となり，支店側は借方本店勘定，貸方**本店へ売上**勘定となります。

設例12－3
① 本店は仕入原価¥100,000の商品を原価に20％の利益を加算して支店に積送した。
　　　　本店（借）支　　　　店　　120,000　　（貸）支店へ売上　　120,000
　　　　支店（借）本店より仕入　　120,000　　（貸）本　　　　店　　120,000
② 支店は仕入原価¥50,000の商品を原価に10％の利益を加算して本店に積送した。
　　　　本店（借）支店より仕入　　55,000　　（貸）支　　　　店　　55,000
　　　　支店（借）本　　　　店　　55,000　　（貸）本店へ売上　　55,000

３．本支店間での債権債務の決済取引

　本店で記帳していた会社外の顧客取引先の債権・債務を支店が回収・返済することがあります。また逆に，支店で記帳していた会社外の顧客取引先の債権・債務を本店が回収・返済することもあ

ります。これは，会社外の顧客にとっては，本店も支店も同じ会社であり，本店または支店どちらから債権を回収したり債務を返済することには関係ないからです。とはいえ，支店独立会計制度を採用している会社では制度上，本店または支店の債権・債務を他店が回収・返済することになりますので，この点を区別して仕訳，記帳する必要があります。

設例12－4

① 本店は支店の売掛金¥25,000を小切手で回収した。また，その旨支店に連絡した。

　　　本店（借）現　　　　金　　25,000　　（貸）支　　　　店　　25,000
　　　支店（借）本　　　　店　　25,000　　（貸）売　　掛　　金　　25,000

② 支店は本店の買掛金¥17,000を現金で返済し本店に連絡した。

　　　本店（借）買　　掛　　金　　17,000　　（貸）支　　　　店　　17,000
　　　支店（借）本　　　　店　　17,000　　（貸）現　　　　金　　17,000

4．その他の本支店間の立替

1から3以外の本支店間の振替には，他店の費用の立替払いや収益の受取りに関する記帳などがあります。また，決算時に支店の損益勘定で純損益が計上された場合，支店には独自に資本（金）勘定が設けてない場合が多いため，この純損益を本店勘定に振り替えます。本店では会社全体の損益を計算するため本店の損益勘定（総合損益勘定を設ける場合もある）に振り替える処理を行います。

設例12－5

決算になり，支店は¥30,000の純利益を計上し，その旨本店に連絡した。

　　　本店（借）支　　　　店　　30,000　　（貸）損　　　　益　　30,000
　　　支店（借）損　　　　益　　30,000　　（貸）本　　　　店　　30,000

第4節　支店相互間の取引

事業を拡大し支店が2支店以上開設される場合，その支店相互間で行われる取引の記帳も必要になります。この場合の取引の記帳方法は，支店分散計算制度または本店集中計算制度の2つがあります。

支店分散計算制度では，各支店間の取引を他の支店勘定の名称（支店名など）をつけた勘定で記帳する方法です。この制度のもとでは，本店は各支店間の取引をその都度把握できないので支店の活動を管理するには不都合な制度となります。本店集中計算制度は，支店間の取引をすべて本店との取引であるとみなして記帳する方法です。この場合，各支店は相手先の支店との取引を本店勘定に記入し，その報告を受けた本店ではそれぞれの名称（支店名など）をつけた支店勘定に記入します。この制度の場合支店間の取引も本店で把握できるため支店の活動を管理することができます。

設例12-6

秋田商店は本店の他に大館支店と花輪支店で営業活動を行っている。以下の取引について支店分散計算制度および本店集中計算制度のもとでの各支店および本店の仕訳をしなさい。
① 大館支店は花輪支店に現金￥90,000を送金した。
② 花輪支店は仕入原価￥40,000の商品を原価に10％の利益を加算して大館支店に積送した。

＜支店分散計算制度＞
① 大館支店（借）花輪支店　　　　90,000　　　（貸）現　　　金　　90,000
　　花輪支店（借）現　　金　　　　90,000　　　（貸）大館支店　　　90,000
　　本　　店　　　　　　　　　　　　　　　仕訳なし
② 大館支店（借）支店より仕入　　44,000　　　（貸）花輪支店　　　44,000
　　花輪支店（借）大館支店　　　　44,000　　　（貸）支店へ売上　　44,000
　　本　　店　　　　　　　　　　　　　　　仕訳なし

＜本店集中計算制度＞
① 大館支店（借）本　　店　　　　90,000　　　（貸）現　　　金　　90,000
　　花輪支店（借）現　　金　　　　90,000　　　（貸）本　　店　　　90,000
　　本　　店（借）花輪支店　　　　90,000　　　（貸）大館支店　　　90,000
② 大館支店（借）本店より仕入　　44,000　　　（貸）本　　店　　　44,000
　　花輪支店（借）本　　店　　　　44,000　　　（貸）本店へ売上　　44,000
　　本　　店（借）大館支店　　　　44,000　　　（貸）花輪支店　　　44,000

第5節　未達取引の処理

　本支店間の取引では，連絡漏れや時間のズレなどが原因で，一方の店が記帳していて他方が記帳していない場合が生じることがあります。これを未達取引と言います。第2節でも述べたように，本店勘定と支店勘定の残高は貸借逆で一致するようになっていますが未達取引がある場合には残高の不一致がおこります。未達は決算日までに修正しなければなりませんが，未達になる原因としては，商品取引に対する未達，送金に対する未達，債権債務の他店決済に伴う未達，費用収益の他店決済に対する未達取引があります。この未達取引に関してはその取引を処理していない側で仕訳を行い本支店の貸借を一致させます。

設例12-7
　決算になり本店勘定と支店勘定が一致しなかったため調査したところ次のことがわかった。本店，支店勘定に関する修正の仕訳をしなさい。なお，勘定の数値は残高を表します。

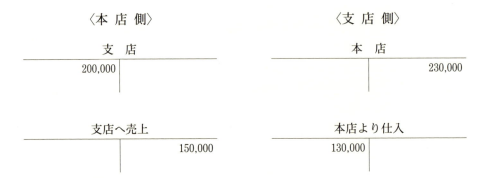

① 本店から支店に商品¥20,000を送付したが支店に未達であった。
② 支店から本店に現金¥10,000を送金したが本店に未達であった。
③ 本店は支店の売掛金¥60,000を相手振り出しの小切手で回収したが，支店に未達であった。

　① 支店（借）本店より仕入　　20,000　　（貸）本　　店　　20,000
　② 本店（借）現　　金　　　　10,000　　（貸）支　　店　　10,000
　③ 支店（借）本　　店　　　　60,000　　（貸）売　掛　金　　60,000

※　①の仕訳に関しては未達取引事項を未仕訳だった支店が仕訳を行います。
　②では，未仕訳の本店が仕訳を行い，③では支店が売掛金を減少させる仕訳をします。
　未達取引を修正仕訳すると下記の勘定のように貸借が一致します。（太字部分が修正仕訳）

第6節　内部利益の控除

　本支店間では商品の積送において取引原価に一定の利益を加算して積送する場合があります。この利益は内部利益と呼ばれ，後節でも扱いますが決算時には内部利益を控除する処理を行わなければなりません。
　すなわち，内部利益を加算して本店または支店に商品を積送している場合に，決算日時点でその商品がまだ売れずに，残っていれば，その商品に含まれている利益は未実現の利益なので，決算時に本支店合併の財務諸表を作成する際などに控除しなければなりません。期末時点で下図のように

本店から支店へ内部利益を加えて積送された商品が販売されず在庫として残れば未実現の利益が発生することがわかります。これを未実現利益と言います。

未実現利益の計算方法に関しては次のように計算します。上図のように仕入先から仕入原価＠¥1,000で仕入れた商品に内部利益10％で＠¥100の利益を加えて支店に積送した商品が期末時点で在庫として売れ残っている場合を考えます。ここで、支店の本店からの仕入原価は¥1,100でこの¥1,100に含まれる内部利益は次のように計算されます。

$$内部利益＝¥1,100×0.1／1.1＝¥100$$

設例12－8

次の資料をもとに控除すべき内部利益の金額を計算しなさい。なお、本店から支店への商品の積送分においては仕入原価に20％の利益が加えられている。

［資料］　支店期末商品棚卸高¥190,000（本店より仕入分¥110,000）
　　　　　支店への未達商品　¥40,000
　　　　　内部利益＝（¥110,000＋¥40,000）×0.2／1.2＝¥25,000

第7節　本支店合併財務諸表の作成

本店支店がある会社では、決算手続きの後、本店において本支店合併財務諸表すなわち会社全体の財政状態を示す合併貸借対照表と経営成績を示す合併損益計算書を作成しなければなりません。本支店合併財務諸表の作成には、未達取引事項および決算修正事項について処理するとともに以下の手続きが必要になります。

① 本店勘定と支店勘定は本支店間の内部の取引を処理するために設けられた勘定です。そのため、合併財務諸表には記載されない勘定なのでこれらを相殺消去します。
② 本店より仕入（支店より仕入）勘定と支店へ売上（本店へ売上）勘定も上記と同様な理由で相殺消去します。
③ 本支店合併損益計算書では、期首商品棚卸高に含まれる内部利益を控除するとともに期末商品棚卸に含まれる内部利益を控除する。

本支店における同一勘定科目の金額を合算する。

設例12－9
以下の本店と支店の貸借対照表資料および未達取引に関する資料に基づき合併貸借対照表を作成しなさい。

本店貸借対照表
平成〇年3月31日

現　　　金	400,000	買　掛　金	470,000
売　掛　金	350,000	借　入　金	390,000
商　　　品	250,000	貸倒引当金	30,000
備　　　品	900,000	備品減価償却累計額	300,000
車　　　両	600,000	車両減価償却累計額	200,000
支　　　店	620,000	資　本　金	1,500,000
		当期純利益	230,000
	3,120,000		3,120,000

支店貸借対照表
平成〇年3月31日

現　　　金	230,000	買　掛　金	740,000
売　掛　金	180,000	貸倒引当金	10,000
商　　　品	250,000	備品減価償却累計額	250,000
備　　　品	700,000	車両減価償却累計額	170,000
車　　　両	400,000	本　　　店	500,000
		当期純利益	90,000
	1,760,000		1,760,000

未達取引

① 本店から支店に積送した商品￥40,000（原価）が支店に未達であった。
② 本店が支店の売掛金￥90,000を回収したが，支店に未達であった。
③ 支店から本店に現金￥160,000を送金したが本店に未達であった。
④ 支店が本店の支払手数料￥10,000を支払ったが，本店に未達であった。

［解答］

合併貸借対照表
平成○年3月31日

現　　　金	790,000	買　掛　金	1,210,000
売　掛　金	440,000	借　入　金	390,000
商　　　品	540,000	貸倒引当金	40,000
備　　　品	1,600,000	備品減価償却累計額	550,000
車　　　両	1,000,000	車両減価償却累計額	370,000
		資　本　金	1,500,000
		当期純利益	310,000
	4,370,000		4,370,000

［解説］

(1) 本店と支店の貸借対照表における同一勘定科目の金額を合算します。

現 金 勘 定＝￥400,000（本店）＋￥230,000（支店）＝￥630,000

売掛金勘定＝￥350,000（本店）＋￥180,000（支店）＝￥530,000

⋮

そうすると次のようになり，￥120,000の不一致があることがわかります。そこで，

現　　　金	630,000	買　掛　金	1,210,000
売　掛　金	530,000	借　入　金	390,000
備　　　品	500,000	貸倒引当金	40,000
備　　　品	1,600,000	備品減価償却累計額	550,000
車　　　両	1,000,000	車両減価償却累計額	370,000
		資　本　金	1,500,000
		当期純利益	320,000
	4,260,000		4,380,000

(2) 未達取引の修正をします。

① ＜支店＞（借）未 達 商 品　　40,000　　（貸）本　　　　店　　40,000
② ＜支店＞（借）本　　　　店　　90,000　　（貸）売　掛　金　　90,000
③ ＜本店＞（借）未 達 現 金　160,000　　（貸）支　　　　店　160,000
④ ＜本店＞（借）支払手数料　　10,000　　（貸）支　　　　店　　10,000

　　ここで支払手数料は費用項目で損益取引になるので，当期純利益が￥10,000減少するように修正します。

(3) 本店の支店勘定の残高と支店の本店勘定の残高が貸借逆に一致するかを確認した上で相殺消去します。

```
        〈本 店 側〉                    〈支 店 側〉
           支  店                         本  店
      620,000 |  160,000            90,000 |  500,000
              |   10,000                   |   40,000
              |
       (残高) 450,000  ← 一致 →   (残高) 450,000
              ‾‾‾‾‾‾‾                     ‾‾‾‾‾‾‾
```

本店勘定と支店勘定の相殺仕訳
  (借)支 店 450,000 (貸)本 店 450,000

(4) 合併後の貸借対照表では，未達現金は現金勘定に，未達商品は商品勘定に含めて記載します。

練習問題

次の (1) 残高試算表, (2) 未達事項, (3) 期末修正事項によって, 本支店合併の損益計算書と貸借対照表を作成しなさい。なお, 作成にあたって本支店間の内部取引は相殺消去し, 未実現の内部利益は商品棚卸高から直接控除すること。また, 未達商品は期末商品に含めることとする。

(1) 残高試算表

残高試算表

借　　方	本　店	支　店	貸　　方	本　店	支　店
現　金　預　金	160,000	140,000	買　　掛　　金	90,000	80,000
売　　掛　　金	320,000	230,000	貸　倒　引　当　金	4,000	2,000
受　取　手　形	20,000	10,000	減価償却累計額	120,000	80,000
繰　越　商　品	140,000	110,000	本　　　　店		350,000
支　　　　店	400,000		資　　本　　金	500,000	
建　　　　物	300,000	200,000	利　益　剰　余　金	80,000	
仕　　　　入	1,940,000	590,000	売　　　　上	2,450,000	1,298,000
本　店　よ　り　仕　入		310,000	支　店　へ　売　上	376,000	
営　　業　　費	340,000	220,000			
	3,620,000	1,810,000		3,620,000	1,810,000

(2) 未達事項

① 本店から支店に積送した商品￥66,000が支店に未達であった。
② 本店が支店の売掛金￥20,000を回収したが, 支店に未達であった。
③ 支店が本店の営業費￥4,000を支払ったが, 本店に未達であった。

(3) 期末修正事項

① 期末商品棚卸高　　本店　￥160,000
　　　　　　　　　　支店　￥ 60,000（うち本店より仕入￥22,000）

なお, 本年度より本店から支店へ商品を積送する際には原価に対し10％の利益が加算されている。

② 売掛金および受取手形期末残高に対し, 本支店ともに2％の貸倒を見積もる（差額補充法による）。
③ 建物に対し, 本支店ともに減価償却を行う（償却方法は定率法で償却率は25％）。
④ 支店において営業費の未払い分￥20,000がある。
⑤ 本店において売上￥21,000があり現金で受け取っていたのが記入されていなかったので修正する。

[解答欄]

損 益 計 算 書

資　　産	金　　額	負債および純資産	金　　額
仕　　　　　　　入		期末商品棚卸高	
期首商品棚卸高		売　　　　　　　上	
営　　業　　費			
貸倒引当金繰入			
減　価　償　却　費			
当　期　純　利　益			

貸 借 対 照 表

資　　産	金　　額	負債および純資産	金　　額
現　金　預　金		買　　掛　　金	
売　　掛　　金		未　払　営　業　費	
受　取　手　形		貸　倒　引　当　金	
商　　　　　品		減価償却累計額	
建　　　　　物		資　　本　　金	
		利　益　剰　余　金	

第13章　帳簿組織と伝票式会計

　これまでは，各種取引についての基本的な処理方法や決算手続きなどについて説明してきました。しかし，企業の規模が大きくなってくると，取引量が増え，日々の記帳や転記業務の量が膨大になると想定されます。したがって，これらの諸手続きをいかにして軽減するかは，企業にとっての重要課題となります。本章では，**特殊仕訳帳制**や**伝票式会計**など，記帳手続きの簡略化や合理化をはかるために考えられた様々な工夫について説明します。

第1節　帳簿組織

1．帳簿体系

　帳簿と帳簿記録は不可分の関係にあり，企業の経済活動を記録し，計算するために，多種の帳簿が設けられています。これらの帳簿は有機的に統合されたひとつの体系を構成しており，次のようにまとめることができます。

　この帳簿体系では，すべての取引を**主要簿**である**仕訳帳**に記帳し，その仕訳記録を勘定科目ごとに整理し，**総勘定元帳**の各勘定に転記します。それと同時に，その取引に該当する**補助簿**があれば，その補助簿にも取引内容を詳細に記帳します。ちなみに，補助簿は，特定の取引についての明細を発生順に記入する**補助記入帳**と，特定の勘定または事柄についての明細を口座別に記入する**補助元帳**に分類されます。

　このような，相互関連性を持った諸帳簿の体系を**帳簿組織**と言い，企業においてどんな帳簿組織をつくり，どの部門にどのような手順で記帳させるかを決めることを**帳簿組織の立案**と言います。

2．単一仕訳帳制と複合仕訳帳制

　帳簿組織には，**単一仕訳帳制**と**複合仕訳帳制**（または複数仕訳帳制，特殊仕訳帳制，分割仕訳帳制とも言う）があります。**単一仕訳帳制**とは，すべての取引を1冊の仕訳帳に記入し，それを総勘定元帳に転記するという方法で，複式簿記の基本的な帳簿組織です。必要に応じて現金出納帳，当

座預金出納帳，仕入帳，売上帳などを補助記入帳として，また買掛金元帳，売掛金元帳を補助元帳として用い，取引内容を詳細に記帳することもあります。

しかし，企業の規模が大きくなり，取引が増えてくると単一仕訳帳制では業務に支障が出てくることもあります。なぜなら，単一仕訳帳制では1冊の仕訳帳に記入するため，記帳の作業を分割することができないからです。つまり複数人数で記帳作業を分担して行うことができないということです。またこの方法ではひとつの取引に対して数種類の帳簿に記帳するため，記帳ミスをしやすくなります。そこで用いられるのが**複合仕訳帳制**です。

これは，従来の仕訳帳から総勘定元帳への転記とともに，企業の取引のうち頻繁に行われる取引の補助記入帳（現金出納帳，当座預金出納帳，仕入帳，売上帳など）にも仕訳帳としての機能を持たせ，補助記入帳からも総勘定元帳に転記を行う方法です。この仕訳帳としての機能を持つ補助記入帳は**特殊仕訳帳**と言われ，それに対し，従来の仕訳帳は**普通仕訳帳**と言われています。

3．特殊仕訳帳の記帳

特殊仕訳帳とした補助記入帳は，実際にはどのように使われているのでしょうか。

（1）現金出納帳

現金出納帳を特殊仕訳帳として用いる場合には，その仕訳帳としての役割を十分に果たすように，**勘定科目欄**と**元丁欄**を加えます。その様式には**残高式**と**標準式**があり，実務でよく用いられるのは**残高式**ですが，**標準式**はわかりやすいため，しばしば簿記の学習で用いられます。

【残高式】

現　金　出　納　帳

平成〇年	勘定科目		摘要	元丁	収入（借方）	支出（貸方）	残高
	借方	貸方					

【標準式】

現　金　出　納　帳

平成〇年	勘定科目	摘要	元丁	借方	平成〇年	勘定科目	摘要	元丁	貸方

勘定科目欄……現金の相手勘定を記入する。

元丁欄……相手勘定が特別欄でない場合は**個別転記**（仕訳帳へ記入する度に総勘定元帳に転記する）をするため，総勘定元帳の丁数を記入する。相手勘定が特別欄である場合は個別転記を行わないので，「✓（チェック・マーク）」を記入する。言い換えれば，「✓」されたものは**合計転記**（定期的に合計額を算出してその額を総勘定元帳に転記する）されることになる。

また，現金収入の多くが売掛金の入金額であり，現金支出の多くが買掛金の出金額である場合は，**標準式**の様式をベースに，借方に売掛金欄，貸方に買掛金欄という**特別欄**を設けることがあります。売掛金と買掛金以外の入金と出金については，**諸口欄**を設けて記入します。このような特別欄と諸口欄を設けた現金出納帳を**多欄式現金出納帳**と言います。以下では，多欄式現金出納帳を用いた例題をみてみましょう。

設例13－1

次の取引について，売掛金と買掛金の二つの特別欄を設けた現金出納帳に記帳して締め切り，総勘定元帳および補助元帳の各勘定に転記しなさい。なお，当店では現金出納帳のみを特殊仕訳帳として用いている。

- 4月1日　現金の前月繰越高は￥100,000である。
- 4日　札幌商店に対する買掛金￥30,000を現金で支払った。
- 7日　秋田商店の商品売買の仲介を行い，手数料￥10,000を現金で受け取った。
- 9日　大阪商店から商品￥50,000を仕入れ，代金は現金で支払った。
- 15日　東京商店から売掛金￥70,000を現金で受け取った。
- 17日　神戸商店に対する買掛金のうち，￥110,000は現金で支払った。
- 19日　京都商店に商品￥140,000を売り渡し，代金は現金で受け取った。
- 22日　奈良商店に対する売掛金のうち，￥60,000を現金で受け取った。
- 25日　従業員の本月分の給料￥80,000を現金で支払った。

現　金　出　納　帳

平成○年		勘定科目	摘　　要	元丁	売掛金	諸　口	平成○年		勘定科目	摘　　要	元丁	買掛金	諸　口
4	7	受取手数料	秋田商店	32		10,000	4	4	買　掛　金	札幌商店	買1	30,000	
	15	売　掛　金	東京商店	売1	70,000			9	仕　　　入	大阪商店	42		50,000
	19	売　　　上	京都商店	31		140,000		17	買　掛　金	神戸商店	買2	110,000	
	22	売　掛　金	奈良商店	売2	60,000			25	給　　　料	本月分支払	49		80,000
					130,000	150,000						140,000	130,000
	30		売　掛　金	3		130,000		30		買　掛　金	13		140,000
	〃		（現金）	1		280,000		〃		（現金）	1		270,000
			前月繰越	✓		100,000				次月繰越	✓	110,000	
						380,000						380,000	

総　勘　定　元　帳

```
        現          金              1                    売    掛    金          3
4/1 前月繰越 100,000 4/30 現金出納帳 270,000    4/1 前月繰越 ××× 4/30 現金出納帳 130,000
  30 現金出納帳 280,000

        買    掛    金              13                   売            上          31
4/30 現金出納帳 140,000 4/1 前月繰越 ×××                          4/19 現金出納帳 140,000

        受  取  手  数  料          32                   仕            入          42
                   4/7 現金出納帳  10,000          4/9 現金出納帳 50,000

        給          料              49
4/25 現金出納帳 80,000
```

売 掛 金 元 帳

東 京 商 店　　　　　　　1	奈 良 商 店　　　　　　　2
4/1 前月繰越 ×××｜4/15現金受取り 70,000	4/1 前月繰越 ×××｜4/22現金受取り 60,000

買 掛 金 元 帳

札 幌 商 店　　　　　　　1	神 戸 商 店　　　　　　　2
4/4 現金支払い 30,000｜4/1 前月繰越 ×××	4/17現金支払い 110,000｜4/1 前月繰越 ×××

現金出納帳は次の順序で締め切ります。
① 借方現金収入合計額に前月繰越高を加える。
② 借方現金収入合計額と貸方現金支出合計額の差額で次月繰越高を算出し，貸方に赤記して貸借を一致させる。

転記は次の順序で行います。
① 売掛金欄と買掛金欄に記入した金額を，売掛金元帳と買掛金元帳の該当する各人名勘定に個別転記すると同時に，元丁欄には「売1」や「買1」などそれぞれに記入する。なお，総勘定元帳の売掛金勘定と買掛金勘定には個別転記をしない。ただし，売掛金元帳を用いない場合は，元丁欄に「✓」を記入する。
② 諸口欄に記入した金額は，総勘定元帳の該当する勘定に個別転記し，元丁欄には転記先の口座の丁数を記入する。
③ 月末に各金額欄の合計額を算出する。売掛金欄の合計額は売掛金勘定の貸方に，買掛金欄の合計額は買掛金勘定の借方に，それぞれ合計転記する。また，借方現金収入合計額と貸方現金支出合計額は現金勘定の借方と貸方にそれぞれ合計転記する。

(2) 当座預金出納帳

当座預金出納帳を特殊仕訳帳として用いる場合，その様式や記帳方法，転記の仕方は，上述した現金出納帳の場合と基本的には同じです。

当 座 預 金 出 納 帳

平成○年	勘定科目	摘　要	元丁	売掛金	諸　口	平成○年	勘定科目	摘　要	元丁	買掛金	諸　口

(3) 仕入帳

仕入帳を特殊仕訳帳として用いる場合は，勘定科目欄，諸口欄，元丁欄を設けます。

仕 入 帳

平成○年	勘定科目	摘　要	元丁	買掛金	諸　口

(4) 売上帳

売上帳を特殊仕訳帳として用いる場合は，仕入帳の場合と同じく，勘定科目欄，諸口欄，元丁欄を設けます。

売　上　帳

平成〇年	勘定科目	摘　要	元丁	売掛金	諸　口

(5) 普通仕訳帳

特殊仕訳帳を用いる場合，ほとんどの取引が各種の特殊仕訳帳に記入されるため，通常，普通仕訳帳には，これらの特殊仕訳帳に記入されなかった取引のみが記帳されます。たとえば，特殊仕訳帳として，現金出納帳や当座預金出納帳，売上帳ならびに仕入帳などを用いる場合であれば，以下のようなものが普通仕訳帳に記帳されます。

開始仕訳：営業開始のとき，前期繰越高の記入
営業取引：特殊仕訳帳に記帳されない営業取引の仕訳の記入
訂正仕訳：勘定科目や金額などを誤記入したときの訂正仕訳の記入
合計仕訳：特殊仕訳帳から総勘定元帳へ合計転記をするときの記入
決算仕訳：決算における決算整理仕訳および決算振替仕訳の記入

普　通　仕　訳　帳

平成〇年	摘　要	元丁	借　方	貸　方

4．特殊仕訳帳からの転記

(1) 個別転記と合計転記

特殊仕訳帳はそもそも，企業の転記業務の省力化のために考案された手法であることから，これを用いると，当然ながら転記の回数が減り，さらに特別欄を設けることでいっそう転記業務の軽減がはかられます。特殊仕訳帳から総勘定元帳への転記には，**個別転記**と**合計転記**があり，その転記方法は，次の表のようにまとめられます。

親勘定とは，現金出納帳の現金勘定のように，特殊仕訳帳の名称となっている勘定を指す。
──▶ は合計転記，-----▶ は個別転記を示す。

(2) 二重転記の防止

特殊仕訳帳として複数の補助簿を用いる場合，ひとつの取引が複数の特殊仕訳帳に記帳されるため，**二重仕訳**となります。たとえば，現金出納帳と仕入帳を特殊仕訳帳として使用した場合，現金仕入の取引は二つの特殊仕訳帳のそれぞれに記入されます。しかし，このまま特殊仕訳帳から転記すれば，総勘定元帳への転記も重複してしまいます。この重複転記を**二重転記**と言います。このような二重転記を防止するために，特殊仕訳帳で相手勘定も特殊仕訳帳へ記入される場合は，その取引の相手勘定科目は個別転記せず，元丁欄に「✓」マークをつけます。

設例13−2

次の取引について，特殊仕訳帳として設定されている当座預金出納帳，売上帳および仕入帳に記入しなさい。なお，当座預金の前月繰越高は¥100,000で，総勘定元帳の各元帳の丁数は，当座預金は2，売掛金は3，受取手形は5，買掛金は13，売上は31，仕入は42とする。

5月4日　山形商店に次の商品を売り渡し，代金は同店振出しの小切手で受け取り，ただちに当座預金とした。
　　　　　　A商品　200個　@¥2,000　　¥400,000

　9日　埼玉商店から次の商品を仕入れ，代金は小切手を振り出して支払った。
　　　　　　B商品　200個　@¥1,500　　¥300,000

　10日　長野商店から次の商品を仕入れ，代金は掛けとした。
　　　　　　C商品　300個　@¥2,000　　¥600,000

　12日　長野商店から10日に仕入れた商品のうち，20個は品違いのため返品し，代金は買掛金と相殺した。

　15日　受取手形¥150,000が決済され，当座預金に振り込まれた。

　17日　滋賀商店に次の商品を売り渡し，代金は掛けとした。
　　　　　　C商品　200個　@¥2,500　　¥500,000

　19日　17日に滋賀商店に売り渡した商品のうち一部に傷があったため，¥50,000の値引きをし，売掛金と相殺した。

　20日　島根商店に対する買掛金¥450,000は小切手を振り出して支払った。

　22日　山口商店に対する売掛金のうち，¥250,000を小切手で受け取り，ただちに当座預金とした。

当座預金出納帳

平成○年		勘定科目	摘要	元丁	売掛金	諸口	平成○年		勘定科目	摘要	元丁	買掛金	諸口
5	4	売 上	山形商店	✓		400,000	5	9	仕 入	埼玉商店	✓		300,000
	15	受取手形		5		150,000		20	買 掛 金	島根商店	✓	450,000	
	22	売 掛 金	山口商店	✓	250,000								
					250,000	550,000						450,000	300,000
	31		売 掛 金	3		250,000		31		買 掛 金	13		450,000
	〃		（当座預金）	2		800,000		〃		（当座預金）	2		750,000
			前月繰越	✓		100,000				次月繰越	✓		**150,000**
						900,000							900,000

仕 入 帳

平成○年		勘定科目	摘要			元丁	買掛金	諸口
5	9	当座預金	埼玉商店		小切手	✓		300,000
			B商品	200個	@¥1,500			
	10	買 掛 金	長野商店		掛け	✓	600,000	
			C商品	300個	@¥2,000			
	12	買 掛 金	長野商店		掛戻し	✓	40,000	
			C商品	20個	@¥2,000			
							600,000	300,000
	31				（買掛金）	13		600,000
	〃				総 仕 入 高	42		900,000
	〃				**仕入戻し高**	13/42		**40,000**
					純 仕 入 高			860,000

売 上 帳

平成○年		勘定科目	摘要			元丁	売掛金	諸口
5	4	当座預金	山形商店		小切手	✓		400,000
			A商品	200個	@¥2,000			
	17	売 掛 金	滋賀商店		掛け	✓	500,000	
			C商品	200個	@¥2,500			
	19	売 掛 金	滋賀商店		掛値引	✓	50,000	
							500,000	400,000
	31				（売掛金）	3		500,000
	〃				総 売 上 高	31		900,000
	〃				**売上値引高**	3/31		**50,000**
					純 売 上 高			850,000

第2節　伝票式会計

　これまでは，取引を仕訳して，各種主要簿と補助簿に記帳する方法についてみてきましたが，実務においては，記帳するにあたり，まず取引そのものに信憑性があるかどうかを確かめる必要があり，そのための証明資料として納品書や領収証，小切手控えなどが用いられます。取引の事実を証明するためのこれらの資料を**証憑**（しょうひょう）と言い，補助簿の代用とされることもあります。また，取引内容を企業内の関係部署に簡潔に伝達し，記帳作業の効率化をはかるためなどの理由から，証憑などに基づいて，一定の様式を備えた紙片に取引内容を記入するという実務的手法も一般的に用いられています。この紙片のことを**伝票**と言い，伝票に記入することを**起票**と言います。証憑は，個々の取引ごとに作成され，受け渡しが行われているため，伝票と結び付けて処理されると，記帳の合理化に大いに貢献します。また，どのような伝票を使うかによって，**1伝票制**，**3伝票制**および**5伝票制**の三つの方法があります。

1．1伝票制

　1伝票制とは，取引を仕訳の形式で記入する仕訳伝票を用いて，1取引ごとに伝票1枚を作成し，総勘定元帳や補助簿に記入する伝票制度です。また，仕訳は仕訳帳に記入することによって行われるのが原則ですが，仕訳伝票を日付順に綴り込むことで仕訳帳の代用とすることができます。もっとも，現在の実務では，仕訳帳はほとんど使用されておらず，簿記教育上だけに残されています。

設例13－3

　次の取引を仕訳伝票に起票しなさい。

　5月24日　青森商店から次の商品を仕入れ，代金のうち¥30,000を現金で支払い，残額は掛けとした。（伝票番号No.43）

　　　　　　D商品　100個　@¥800　¥80,000

仕訳伝票　No.43　平成○年5月24日				
勘定科目	元丁	借方	勘定科目	元丁	貸方
仕　入	42	80,000	現　金	1	30,000
			買掛金	13	50,000
合　計		¥80,000	合　計		¥80,000
摘　要	青森商店　D商品　100個　@¥800　¥80,000			

（主任印　記帳印　係印）

なお，上記伝票の**主任印欄**には会計責任者，**記帳印欄**には元帳記入者，そして**係印欄**には起票者がそれぞれ確認の上，押印します。

2．3伝票制

　企業にとって最も頻発する取引は現金収支取引です。そこでそれらに対しては，仕訳伝票の借方または貸方科目欄への「現金」の記入を省いた専用伝票を用いることで，さらに起票の合理化をはかった方法が3伝票制です。この方法では現金の入金に使用される**入金伝票**（一般に赤色で印刷されているところから，**赤伝**とも呼ばれる），現金の出金に使用される**出金伝票**（一般に青色で印刷されているところから，**青伝**とも呼ばれる），現金の入出金以外に使用される**振替伝票**（一般に黒色で印刷されているところから，**黒伝**とも呼ばれる）が用いられます。なお，3伝票制において，ひとつの取引のなかに，現金取引とそれ以外の振替取引が混在している場合，この取引を**一部現金取引**または**一部振替取引**と言います。

設例13－4

次の取引について仕訳し，3伝票制による伝票記入をしなさい。
　6月6日　札幌商店へ次の商品を売り渡し，代金のうち¥40,000は現金で受け取り，残額は掛けとした。（振替伝票番号No.73，入金伝票番号No.20）
　　　　　E商品　200個　@¥2,000　¥400,000

このときの伝票の書き方には二つの方法があります。
① 取引を分割する方法
　　現金と現金以外のものに分割し，現金で入金された分を入金伝票で起票し，残りの現金以外のもの（この設例の場合は売掛金）を振替伝票で起票します。

　　　6／6　（借）現　　　金　　40,000　　（貸）売　　　上　　40,000
　　　　　　　　　売　掛　金　　360,000　　　　　売　　　上　　360,000

入金伝票　　No.20	振替伝票　　No.73
平成〇年6月6日	平成〇年6月6日
売　上　40,000	売掛金（札幌商店）360,000　売　上　360,000

② 取引を擬制する方法
　　取引を擬制して，全額をいったん掛け取引として処理する。そのためにまず振替伝票で起票し，次に現金を入金伝票で起票します。

　　　6／6　（借）売　掛　金　　400,000　　（貸）売　　　上　　400,000
　　　　　　　　　現　　　金　　40,000　　　　　売　掛　金　　40,000

振替伝票　　　　No.73	入金伝票　　　　No.20
平成○年6月6日	平成○年6月6日
売掛金（札幌商店）400,000　売　上　400,000	売掛金（札幌商店）40,000

3．5伝票制

　先に学んだ3伝票制の三つの伝票に加え，売上取引には**売上伝票**，仕入取引には**仕入伝票**という5種類の伝票による記入方法を**5伝票制**と言います。売上伝票と仕入伝票を用いることで，売上取引・仕入取引が入・出金伝票に分散化されることはなくなり，両伝票を集計すれば，全売上・仕入額を把握することもできます。また，二重転記を避け，伝票の集計手続きを簡単にするために，現金，小切手，手形など代金のいかんに関係なく，すべていったん掛取引として処理し，同時にその掛代金を支払または回収したという起票処理を行います。なお，返品および値引きについては，売上伝票または仕入伝票に赤字で記入します。

設例13－5

　次の取引について仕訳し，5伝票制による伝票記入をしなさい。

　6月16日　青森商店から次の商品を仕入れ，代金のうち¥150,000は現金で支払い，残額は掛けとした。（仕入伝票番号No.41，出金伝票番号No.30）
　　　　　　F商品　100個　@¥2,400　¥240,000
　　26日　秋田商店へ次の商品を売り渡し，代金のうち¥50,000は現金で受け取り，残額は掛けとした。（売上伝票番号No.53，入金伝票番号No.24）
　　　　　　G商品　100個　@¥3,000　¥300,000

　6／16　　（借）仕　　　入　　240,000　　　（貸）現　　　金　　150,000
　　　　　　　　　　　　　　　　　　　　　　　　　買　掛　金　　 90,000

仕入伝票　　　　No.41	出金伝票　　　　No.30
平成○年6月16日	平成○年6月16日
青森商店　240,000	買掛金（青森商店）150,000

　6／26　　（借）現　　　金　　 50,000　　　（貸）売　　　上　　300,000
　　　　　　　　　売　掛　金　　250,000

売上伝票　　　　No.53	入金伝票　　　　No.24
平成○年6月26日	平成○年6月26日
秋田商店　300,000	売掛金（秋田商店）50,000

4．仕訳集計表作成と合計転記

　先に述べたとおり，伝票制度は記帳の合理化のために，実務的には広く採用されている制度です。しかし，伝票そのものが小紙片であるため紛失しやすく，取引の量が増加してくると，かえって転記事務を煩雑にさせる恐れさえあります。

　伝票の枚数が少ない場合は，伝票1枚ごとに行う方式（**個別転記**）によることもできますが，枚数が多い場合は，手間とミスを軽減させるために，1日または一定期間ごとに伝票をまとめ，**仕訳集計表**を作成し，これによって**合計転記**を行います。このとき，1日分の伝票を集計する表を**仕訳日計表**と言い，1週間の伝票を集計する表を**仕訳週計表**，1ヶ月の伝票を集計する表を**仕訳月計表**と言います。

　なお，仕訳集計表から総勘定元帳に合計転記する場合は，仕訳集計表の元丁欄に総勘定元帳の勘定口座番号またはページ数を記入し，総勘定元帳の各勘定口座の摘要欄に「仕訳集計表」と記入します。また，補助元帳へは，伝票から直接に個別転記します。その場合，総勘定元帳の各勘定口座の摘要欄には伝票の種類，仕丁欄には伝票番号を記入します。

設例13-6
　7月1日の取引について起票した次の各伝票により，仕訳集計表を作成し，総勘定元帳への転記を示しなさい。なお，当店は5伝票制をとっている。

解答

仕 訳 集 計 表 No. 7－1
平成○年7月1日

借 方	元丁	勘 定 科 目	元丁	貸 方
145,000	1	現　　　　　金	1	125,000
55,000	2	当 座 預 金	2	35,000
110,000	3	受 取 手 形		
780,000	7	売 掛 金	7	275,000
		支 払 手 形	12	90,000
185,000	13	買 掛 金	13	450,000
		売　　　　　上	23	780,000
450,000	37	仕　　　　　入		
30,000	39	支 払 手 数 料		
1,755,000				1,755,000

総 勘 定 元 帳

```
         現       金        1              当 座 預 金        2
7/1 前月繰越 ×××│7/1 仕訳集計表 125,000   7/1 前月繰越 ×××│7/1 仕訳集計表 35,000
 〃 仕訳集計表 145,000│                      〃 仕訳集計表 55,000│

         受 取 手 形      3                  売 掛 金         7
7/1 仕訳集計表 110,000│                 7/1 前月繰越 ×××│7/1 仕訳集計表 275,000
                                         〃 仕訳集計表 780,000│

         支 払 手 形     12                  買 掛 金        13
               │7/1 仕訳集計表 90,000    7/1 仕訳集計表 185,000│7/1 前月繰越 ×××
                                                              │ 〃 仕訳集計表 450,000

         売       上     23                  仕       入     37
               │7/1 仕訳集計表 780,000   7/1 仕訳集計表 450,000│

         支 払 手 数 料   39
7/1 仕訳集計表 30,000│
```

練習問題

1. 本章設例13−2の特殊仕訳帳（当座預金出納帳，仕入帳および売上帳）について，下記普通仕訳帳に合計転記を行いなさい。ただし，合計転記は月末に行うものとし，総勘定元帳は省略する。

普 通 仕 訳 帳

平成○年		摘　　　　要		元丁	借　方	貸　方
5	31	（当座預金）	諸口	2	（　　）	
			（売掛金）	3		（　　）
			（諸　口）	✓		（　　）
		当座預金出納帳借方より				
	〃	諸口	（当座預金）	2		（　　）
		（買掛金）		13	（　　）	
		（諸　口）		✓	（　　）	
		当座預金出納帳貸方より				
	〃	（仕　入）	諸口	42	（　　）	
			（買掛金）	13		（　　）
			（諸　口）	✓		（　　）
		仕入帳総仕入高より				
	〃	（買掛金）		13	（　　）	
			（仕　入）	42		（　　）
		仕入帳仕入戻し高より				
	〃	諸口	（売　上）	31		（　　）
		（売掛金）		3	（　　）	
		（諸　口）		✓	（　　）	
		売上帳総売上高より				
	〃	（売　上）		31	（　　）	
			（売掛金）	3		（　　）
		売上帳売上値引高より				

2．次の各伝票に記入されている内容から元となる取引を推定し，その取引の仕訳をしなさい。
なお，当店は3伝票制をとっている。

(1)
入金伝票
平成○年12月20日
売掛金　100,000

振替伝票
平成○年12月20日
売 掛 金 400,000　売　　上 400,000

(2)
入金伝票
平成○年12月22日
売　上　100,000

振替伝票
平成○年12月22日
売 掛 金 300,000　売　　上 300,000

出金伝票
平成○年12月22日
発送費　10,000

(3)
出金伝票
平成○年12月23日
買掛金　10,000

振替伝票
平成○年12月23日
仕　　入 400,000　買 掛 金 400,000

振替伝票
平成○年12月23日
買 掛 金 100,000　当座預金 100,000

仕　訳

	借　方　科　目	金　　額	貸　方　科　目	金　　額
(1)				
(2)				
(3)				

第14章　法人税の計算

　本章では法人税の計算の基礎を学習しますが、法人税額の計算は、税理士が行う高度に専門性の高い計算領域です。これまでみなさんは、費用・収益の差額として当期純利益を算出する企業会計の計算過程を学びました。ここでは損金・益金の差額として法人所得を算出する過程を主に学習します。損金・益金の概念は企業会計には無い税法独自の概念ですから、企業会計で学んだ費用・収益概念を本章学習の基礎とし、企業会計と税務会計の計算構造の違いを学習しましょう。

第1節　法人税の概要

1．納税義務者

　法人税は、課税権が国にあることから所得税・酒税・消費税・関税などと同じ国税であり、納税者と負担者が一致することから、所得税・相続税・贈与税・固定資産税などと同じ直接税です。また法人税は、その税収の使途を特定しないので普通税に分類されます。

　法人税法に規定される納税義務を負う者とは、国内に本店又は主たる事務所を有する法人（内国法人）と外国法人になります。そのうち内国法人は次のように分類されます。

① 納税義務のない公共法人（日本放送協会・住宅金融公庫・国民生活金融公庫など）
② 収益事業に低率課税される公益法人など（税理士会・司法書士会・商工会議所・日本赤十字社・弁護士会など）
③ 収益事業に普通税率課税される人格のない社団など（同窓会・P.T.A.など）
④ すべての事業に対して低率課税される協同組合など（漁業協同組合・消費生活協同組合・農業協同組合・信用金庫など）
⑤ すべての事業に対して普通課税される普通法人（合名会社・合資会社・有限会社・株式会社）

2．青色申告とその特典

　法人税には所得税などと同様に**申告納税制度**が導入されています。この制度は納税者の自主的な報告によって納税額を確定する方式ですから、課税側が納税側の申告を信頼するという前提で成立します。そこで納税者に一定の帳簿書類を備え付けさせ、所定の事項を税務書類に記載の上、申告書を提出させることにしています。この制度を**青色申告制度**といいます（法人税法（以下、法法と略す）121）。法人が税額を算定することになるので、申告のためには簿記が必要となります。青色申告制度とは、シャウプ勧告に基づき、昭和25年（1950年）の税制改正によって実現しました。

　青色申告制度は、法人に帳簿を備え付けさせることで正確な課税を実現することができ、徴税側に利点があります。他方、納税側にとっては手間をかけて帳簿をつけ、青色申告法人となることで、

次のような特典が与えられますが，青色申告法人になるためには納税地の所轄税務署長の承認を受ける必要があります。

① 各種引当金・準備金の設定
② 減価償却資産の耐用年数の短縮・特別償却
③ 欠損金の繰越控除
④ 更正の制限と理由の付記
⑤ 法人税額の特別控除（試験研究費を増加した場合など）

ところで法人税法では納税を円滑に行うために，各法人の事業年度開始の日から6ヶ月を経過した時点より2ヶ月以内に中間納付を行うこととしています。中間納付額は，前事業年度に確定申告した法人税額の2分の1を納税する予定申告か，6ヶ月間を一会計期間として中間決算を行い，法人税額を納税する中間申告のいずれかとなります。たとえば決算年1回・2月28日を決算日とする法人の納税スケジュールを示すと次のとおりとなります。

法人税の中間申告と確定申告

予定申告は業績が上昇傾向にある法人には有利な方法です。また納付する中間申告法人税の額が10万円以下であれば中間申告は行いません。つまり前年度の法人税額が20万円以下なら中間申告不要となります。

決算の確定後，費用と収益の額をそれぞれ修正して損金と益金とし，損金と益金の差額を法人所得とします。損益計算書で費用と収益の差額から当期純利益を算定したように，損金と益金の差額

から法人所得を算定します。法人所得の算定は「**別表四**」と呼ばれる税務書類で行われ、法人所得に税率をかけて法人税額を算出します。

第2節　損金益金

　法人は確定した決算（会社法による計算）に基づいて申告書を提出しなければなりません（法法74）。そしてその確定した決算で費用又は損失を経理することを**損金経理**と言います（法法2　㉕）。法人の最終意思決定機関は株主総会であるために、損金経理された費用や損失が株主に承認され、承認された当期純利益をもとに課税所得計算が行われることになります（確定決算主義）。したがって原則として、株主の承認を得ていない費用等を申告調整段階で損金として計上することは認められません。

　法人の費用又は損失のうち、損金算入することが可能となる金額について損金経理を要件としているのは、法人経営者の恣意性排除を目的としているからです。つまり、評価損・繰延資産を含む償却資産の償却費・引当金繰入額などは、決算時に計上される現金支出を伴わない内部取引です。したがって、これらの計上額はややもすると恣意的に決定される傾向があります。そのため法人税法ではこれらの計上について限度額を設けているのです。

1．損金の額

　法人税の計算で、もしも過大な減価償却費や役員報酬などが計上された場合、国に納められるはずの法人税額が減少してしまいます。そのような弊害を回避するために損金算入限度額を超過した寄付金・交際費などは、申告調整の際、損金不算入となります。また費用計上した法人税や住民税、交通反則金も損金不算入となります。逆に損益計算書に計上していない費用について、例外的に申告調整の段階で損金として認められるものもあり、これを損金算入と言います。このように費用の額が申告調整によって修正されるために、損金の総額は費用の総額に一致しません。

　損金の額は①その事業年度の収益にかかる売上原価、完成工事原価等の原価、②その事業年度の販売費及び一般管理費など、③その事業年度の損失で資本等取引以外によるものによって構成されます（法法22③）。なお資本等取引とは、法人の資本等の金額の増加又は減少を生ずる取引と法人が行う利益又は剰余金の分配を言います（法法22⑤）。

2．益金の額

損金の総額が費用の総額と一致しないのと同様に，益金の総額も収益の総額に一致しません。たとえば確定決算上は受取配当の金額は営業外収益となり，損益計算書に記載されます。しかし法人税法では二重課税排除のため，受取配当の額を益金不算入とします。また無償や低額で資産を譲渡した場合に税法では資産を譲渡した側に寄付金（損金）と同時に譲渡益（益金）が生じるとみなし，後者を益金算入とします。このように収益の額が申告調整によって修正されるために，益金の総額は収益の総額に一致しません。

益金の額は，①資産の販売，②有償又は無償による資産の譲渡又は役務提供，③無償による資産の譲受け，④そのほかの取引で資本等取引以外によるものによって構成されます（法法22②）。

3．当期純利益と法人所得の関係

損金の総額が費用の総額に一致せず，益金の総額が収益の総額に一致しないため，損金と益金の差額である法人所得は，費用と収益の差額である当期純利益に一致しません。したがって右の図のように，損益計算書を作成して利益も損失もない状態でも，申告調整すると法人税を払うこともあり得るのです。

当期純利益がどのように法人所得へと変わるのか，その両者の関係について，過大な減価償却費を計上した場合の申告調整を例に挙げて考えます。実際の申告調整は別表四で損金不算入の手続きをしますが，下の図では，あたかも損益計算書において修正がなされたように図示します。

上の図から損益計算書に計上された減価償却費が税法上適正部分と過大部分併せて¥150あり，そのうち適正部分（＝損金算入限度額）を¥100とすれば，認められない減価償却費（＝損金不算入額）は¥50です。この¥50の費用計上を認めずに¥100だけを損金とする申告調整（損金不算入）を行います。そして損金不算入の申告調整後，当期純利益は¥200から¥250に増えました。申告調整では法人税法上認められない¥50の減価償却費が，もともと計上されないと考えます。なお，この場合の調整後PLにおける当期純利益¥250は法人所得と置き換えて考えてください。

申告調整には損金不算入・益金不算入・損金算入・益金算入の４種類がありますが，この４種類の申告調整を，法人所得を増加させるのか減少させるのかという観点で２種類に分けてみましょう。まず１つめは法人所得を増加させるグループです。損金不算入は費用科目を減少させることで法人所得が増加しますが，それと同じ効果をもたらすのが益金算入です。益金算入は収益科目を増加させるので，結果的に法人所得が増加します。このようにみてくると，損金不算入と益金算入は法人所得を増額修正させるので，加算項目という名の同じグループになります。またこれとは逆に損金算入と益金不算入は法人所得を減少させる申告調整となり，これらを減算項目といい，同じグループとします。加算項目と減算項目が法人所得の算定にどのような数値の変化をもたらすのか，下の図にまとめてみました。

$$\boxed{当期純利益} + \begin{vmatrix} 損金不算入 \\ 益金算入 \end{vmatrix} - \begin{vmatrix} 損金算入 \\ 益金不算入 \end{vmatrix} = \boxed{法人所得}$$

　　　　　　　　　　　　　加算項目　　　　　減算項目

設例14－1

次の資料により，株式会社全経の第○期事業年度（自平成27年4月1日　至平成28年3月31日）の確定申告により課税所得を計算しなさい。

<資　料　Ⅰ＞　1．当期利益の額　　　　　　　　　　38,265,400円
　　　　　　　　2．益金算入額　　　　　　　　　　　2,413,500円
　　　　　　　　3．益金不算入額　　　　　　　　　　　574,100円
　　　　　　　　4．損金算入額　　　　　　　　　　　1,152,700円
　　　　　　　　5．損金不算入額　　　　　　　　　17,854,000円

<資　料　Ⅱ＞　＜資料Ⅰ＞の5．損金不算入額の中には次の税額が含まれている。
　　　　　　　　1．中間納付した法人税額　　　　　　8,418,300円
　　　　　　　　2．中間納付した県民税及び市民税の額　2,120,500円
　　　　　　　　3．県民税利子割額　　　　　　　　　　　28,550円
　　　　　　　　4．法人税額から控除される所得税額　　　88,630円

なお，提示された資料以外は，一切考慮しないものとする。

課税所得の金額

38,265,400円＋（17,854,000円　＋　2,413,500円）－（574,100円　＋　1,152,700円）＝　56,806,100円

∴　56,806,000円（1,000円未満の端数切り捨て）

第3節　別表四における計算

1．加算項目

①　損金の額に算入した中間納付の法人税額（損金不算入項目）

　法人課税の制度上，法人税は損金ではないために，法人税の中間申告に係る納税額を損金経理した場合，損金不算入の調整を必要とします。そもそも別表四で法人税額を算定するのに，既に法人税額が損金経理されていることに問題があるのですが，中間納付の制度があるため損金経理はやむを得ません。なお，実際に損金不算入となる金額は次の仕訳のうち，仮払法人税○○円です。

　　　　　（借）法 人 税 等　　○×△　　　（貸）仮 払 法 人 税　　　○○
　　　　　　　　　　　　　　　　　　　　　　　　未 払 法 人 税　　　××

②　損金の額に算入した中間納付の県民税及び市民税の額（損金不算入項目）

　中間納付された県民税及び市民税（住民税）の額は，正確には法人住民税法人税割といわれます。この税金は，地方団体内に事務所又は事業所を有する法人に対して，法人税額を課税標準として課されるので，実質的に法人税の附加税といえます。

③　損金の額に算入した県民税の利子割額（損金不算入項目）

　法人が支払いを受ける預貯金などの利子等に対して，その金額の5％が利子割として課せられます（道府県民税の一種）。この金額も法人税の損金とはなりません。

④　損金の額に算入した納税充当金（損金不算入項目）

　企業会計上の未払法人税等はB/Sの負債の部に計上されていますが，この金額は，法人税法で**納税充当金**と呼ばれます。実際に損金不算入となる金額は次の仕訳のうち，未払法人税等××円です。

　　　　　（借）法 人 税 等　　○×△　　　（貸）仮 払 法 人 税　　　○○
　　　　　　　　　　　　　　　　　　　　　　　　未 払 法 人 税 等　　××

　損金の額に算入した納税充当金の金額のなかには，債務確定基準に反して発生主義で損金経理した事業税額も含まれています。これについては2．減算項目①を参照してください。

⑤　交際費等の損金不算入額（損金不算入項目）

　交際費は冗費ともいわれ，取引相手の歓心を買うことを目的とする場合が多いですが，このような支出のすべてが法人の事業に無関係かといえば，そうでもない現実があります。そこで1億円以下の法人においては，定額控除限度額が認められており，一部の交際費が損金算入されます。このことから「交際費等の損金不算入額」は，損金算入限度額を超過する交際費の金額になります。

⑥　減価償却超過額（損金不算入項目）

　　減価償却超過額が生じる理由については，前節で説明したとおりです。

⑦　貸倒引当金に関する事項（損金不算入項目）

　資本金1億円以下の法人では，税法上の貸倒引当金繰入限度額を超過する貸倒引当金繰入額を損金経理にて計上していた場合，その超過額は損金不算入となります。

2．減算項目

① 納税充当金から支出した前期分事業税額（損金算入項目）

法人所得の計算上，ある会計年度において費用処理される事業税額が，その同一の事業年度において損金算入される事業税額にはなりません。企業会計では前年度分の事業税額は**発生主義**により前期の費用とし，当期分の事業税額は発生主義により当期の費用としました。しかし法人税法では前年度分の事業税額が**債務確定基準**により当事業年度の損金を構成し，当期分の事業税額は債務が確定していないので，当事業年度の損金とならず，翌事業年度の損金となります。このように事業税額の期間帰属の考え方が企業会計と法人税法では異なるため，前期に損金経理した事業税額を当事業年度の損金にする申告調整を必要とするのです。

② 受取配当等の益金不算入額（益金不算入項目）

企業会計上は営業外収益となる受取配当額ですが，**二重課税**の回避のため，法人税法ではこの金額を益金としません。わが国においては法人税は法人の所有者である株主が納税すると考え（法人擬制説），その納税は株主の所得税の前払いと考えます。この法人税の支払いのとき，株主にとっては一回目の課税がされます。そして，その後，法人が株主に対して配当を支払った場合，受け取った株主に所得が認められ，これに対して課税されることから，二回目の課税となります。これを**二重課税**と言います。このため受取配当金の一部を益金不算入とすることで二重課税が排除されるように法人税法では措置しているのです。

3．法人税額から控除される所得税額

この金額は，株式や投資信託，預金などによる配当や利子の受取の際，源泉徴収された所得税の額です。配当などの受取に関する企業会計上の処理では源泉所得税を租税公課として費用計上しますが，所得税は損金不算入で加算されます。ただし，控除所得税は，損金不算入といえども，加算欄に記載されるわけではありません。

第4節　別表一における計算

1．法人税額

法人所得に対して原則では25.5％の税率が適用されますが（法法66①），資本金一億円以下の小資本の法人には法人所得800万円までの所得に対して19％が適用されます（法法66②）。なお，平成24年4月1日から同27年3月31日までに終了する各事業年度の所得金額800万円までの部分に対して15％の税率が適用されます（措置法42条3の2）。

2．控除税額，中間申告分の法人税額と納付すべき法人税額

「中間申告分の法人税額」は，加算項目の①損金の額に算入した中間納付の法人税額と同じ額です。確定申告において「納付すべき法人税額」とは，法人税額計から既に納税している控除税額（＝源泉所得税額）と中間申告分の法人税額（＝仮払法人税）を差し引いた額になります。

設例14-2

次の資料により，全経産業株式会社の第○期事業年度（自平成26年4月1日 至平成27年3月31日）の確定申告により納付すべき法人税額を解答欄にしたがって計算しなさい。

＜資料＞

1. 期末現在資本金額　　　　65,000,000円
2. 当期利益の額　　　　　　42,580,000円
3. 所得金額の計算上税務調整すべき事項
   (1) 損金の額に算入した中間納付の法人税額　　　　10,036,000円
   (2) 損金の額に算入した中間納付の県民税及び市民税の額　　　　2,893,600円
   (3) 損金の額に算入した県民税の利子割額　　　　18,450円
   (4) 損金の額に算入した納税充当金　　　　12,000,000円
   (5) 交際費等の損金不算入額　　　　987,000円
   (6) 減価償却超過額　　　　590,000円
   (7) 納税充当金から支出した前期分事業税額　　　　2,133,000円
   (8) 貸倒引当金に関する事項

損金の額に算入した貸倒引当金繰入額	税法上の貸倒引当金繰入限度額
1,250,000円	920,000円

   (9) 受取配当等の益金不算入額　　　　120,000円
   (10) 法人税額から控除される所得税額　　　　58,250円

なお，提示された資料以外は一切考慮しないものとする。

I　所得金額の計算

摘　　要		金　　額
当期利益		42,580,000円
加算	損金の額に算入した中間納付の法人税額	10,036,000
	損金の額に算入した中間納付の県民税及び市民税の額	2,893,600
	損金の額に算入した県民税の利子割額	18,450
	損金の額に算入した納税充当金	12,000,000
	交際費等の損金不算入額	987,000
	減価償却超過額	590,000
	貸倒引当金繰入限度超過額	330,000
	小　　　　計	26,855,050
減算	納税充当金から支出した前期分事業税額	2,133,000
	受取配当金の益金不算入額	120,000
	小　　　　計	2,253,000
仮　　　　　　計		67,182,050
法人税額から控除される所得税額		58,250
合　計・総　計・差　引　計		67,240,300
所　　得　　金　　額		67,240,300

Ⅱ 納付すべき税額の計算

摘　　要	金　　額	計　算　過　程
所　得　金　額	67,240,000円	1,000円未満の端数切り捨て
法　　人　　税	16,306,200	(1) 年800万円以下の所得金額に対する税額 　　8,000,000円 × 15％ ＝ 1,200,000円 (2) 年800万円を超える所得金額に対する税額 　　(67,240,000円 － 8,000,000円) 　　× 25.5％ ＝ 15,106,200円
差 引 法 人 税 額	16,306,200	(3) 税額計 (1) ＋ (2) ＝ 16,306,200円
法 人 税 額 計	16,306,200	
控　除　税　額	58,250	
差引所得に対する法人税額	16,247,900	100円未満の端数切り捨て
中間申告分の法人税額	10,036,000	
納付すべき法人税額	6,211,900	

（法人税法能力検定試験　3級　改題）

第5節　消費税の処理

　消費税の処理については，税込経理と税抜経理があります。ここでは第7章第5節で学習した仮払金・仮受金処理の応用として，消費税の税抜処理を学習し，併せて消費税が課税される構造についてもみてゆくことにしましょう。

　まず，消費税が課される構造についてですが，次の例で説明します（単位：万円）。カメラの製造メーカーAから最終消費者Dまでの流通過程で，5％の消費税がどのように転嫁されるのかを考えます。説明を簡単にするためにAは20万円のカメラを製造しますが，その過程で経費は発生しなかったとします。これを卸売業者Bへ5％の消費税を課して21万円で販売したとします。Bは，Aから仕入れたカメラを小売店Cに5％の消費税を課して42万円で販売します。そして最後に最終消

費者Dが小売店Cから5％の消費税を払って84万円で購入するという流れです。

　この設例からA・B・Cはそれぞれ1万円・1万円・2万円の消費税を税務署に払うことがわかります。しかしながら消費者Dも4万円の消費税を納めています。但しDは税務署に4万円の消費税を納めているのではなく，Cに預かってもらっている点に注意してください。このことから消費税4万円を納めるのはDですが，そのDが納める4万円について，予め製造段階・流通段階で，A・B・Cのそれぞれが細分化して納めていることに気がつくでしょうか。このことから消費税の支払いは，納税者が支払う予定の消費税を自分が仮に払っておく記録と，そして消費者から預かった消費税を仮に受け取っておく記録が必要になります。そこで仮払消費税・仮受消費税勘定が使われますが，次に実際に消費税の会計処理について，小売店Cの立場で取引例を考えてみましょう。

設例14-3

次の一連の取引について仕訳をしなさい。なお，消費税及び地方消費税の経理処理については税込経理方式及び税抜経理方式の2つ処理を示しなさい。

① 商品15,369,900円（うち，消費税額及び地方消費税額731,900円）を仕入れ，代金は掛けとした。

　　税込　（借）仕　　　入　15,369,900　　（貸）買　掛　金　15,369,900
　　税抜　（借）仕　　　入　14,638,000　　（貸）買　掛　金　15,369,900
　　　　　　　仮払消費税等　　731,900

② 商品22,680,000円（うち，消費税額及び地方消費税額1,080,000円）を売り渡し，代金は掛けとした。

　　税込　（借）売　掛　金　22,680,000　　（貸）売　　　上　22,680,000
　　税抜　（借）売　掛　金　22,680,000　　（貸）売　　　上　21,600,000
　　　　　　　　　　　　　　　　　　　　　　　仮受消費税等　 1,080,000

③ 帳簿価額384,600円の備品を441,000円（うち，消費税額及び地方消費税額21,000円）で売却し，代金は現金で収受した。

　　税込　（借）現　金　預　金　441,000　　（貸）備　　　品　　384,600
　　　　　　　　　　　　　　　　　　　　　　　固定資産売却益　　56,400
　　税抜　（借）現　金　預　金　441,000　　（貸）備　　　品　　384,600
　　　　　　　　　　　　　　　　　　　　　　　仮受消費税等　　　21,000
　　　　　　　　　　　　　　　　　　　　　　　固定資産売却益　　35,400

④ 決算に当たり，還付を受けるべき消費税額及び地方消費税額239,600円を雑収入として計上した。

　　税込　（借）未収消費税等　239,600　　（貸）雑　収　入　239,600
　　税抜　（借）未収消費税等　239,600　　（貸）雑　収　入　239,600

⑤ 上記(4)の消費税額及び地方消費税額239,600円が普通預金に入金された。

   税込　（借）現 金 預 金　　239,600　　（貸）未収消費税等　　239,600

   税抜　（借）現 金 預 金　　239,600　　（貸）未収消費税等　　239,600

（旧税務会計能力検定試験　第76回　4級第2問　一部修正）

練習問題

次の資料に基づき，乙株式会社の当期（自平成26年4月1日　至平成27年3月31日）における確定申告により納付すべき法人税額を解答欄に従って計算しなさい。（60点）

〔資　料〕

1．期末現在資本金額　　　　　　　　　　　　　　　　　　30,000,000円
2．当期利益の額　　　　　　　　　　　　　　　　　　　　27,618,800円
3．所得金額の計算上税務調査すべき事項
　（1）損金の額に算入した中間納付の法人税額　　　　　　5,453,000円
　（2）損金の額に算入した中間納付の住民税額　　　　　　1,574,000円
　（3）損金の額に算入した住民税利子割額　　　　　　　　　　11,630円
　（4）損金の額に算入した納税充当金　　　　　　　　　　8,760,000円
　（5）損金の額に算入した印紙税の過怠税　　　　　　　　　　18,000円
　（6）貸倒引当金繰入超過額　　　　　　　　　　　　　　　191,900円
　（7）貸倒引当金繰入超過額の当期認容額　　　　　　　　　178,000円
　（8）納税充当金から支出した前期分事業税額　　　　　　1,685,000円
　（9）備品減価償却超過額　　　　　　　　　　　　　　　　　74,800円
　（10）役員給与の損金不算入額　　　　　　　　　　　　　2,000,000円
　（11）繰延資産（賃借建物権利金）償却超過額　　　　　　　500,000円
　（12）繰延資産（広告宣伝用看板）償却超過額の当期認容額　81,000円
　（13）交際費等に関する事項

　　　乙株式会社が損金経理により支出した交際費の額は9,033,800円（うち，飲食費用2,945,000円）である。

　（14）受取配当等に関する事項
　　①　受取配当等の額は600,000円（源泉所得税控除前の金額）である。
　　　　これは完全子法人株式等及び関係法人株式等以外の株式等に係るものである。
　　②　当期の支払利子の総額は2,926,000円である。
　　③　簡便法による負債利子控除割引は0.023である。
　（15）寄附金の損金不算入額　　　　　　　　　　　　　　　689,841円
　（16）法人税額から控除される所得金額　　　　　　　　　　 87,710円

なお，提示された資料以外は一切考慮しないものとする。

解答欄

Ⅰ．所得金額の計算

摘要	金額
当　期　利　益	円
加算	
小　　　　　　　　計	
減算	
小　　　　　　　　計	
仮　　　　　　　　　　　　計	
寄 附 金 の 損 金 不 算 入 額	
法 人 税 か ら 控 除 さ れ る 所 得 税 額	
合　計　・　総　計　・　差　引　計	
所　　　得　　　金　　　額	

Ⅱ．計算過程

項　目	計　算　過　程
交際費等	(1) 支出交際費等の額　□円 (2) 定額控除限度額 　　□円 × □/12 ＝ □円 (3) 損金算入限度額 　　(□円 × □％ ＝ □円) ≶ □円 　　∴ □円 (4) 損金不算入額 　　□円 － □円 ＝ □円
受取配当等	(1) 受取配当等　□円 (2) 控除負債の利子 　　□円 × 0.□ ＝ □円 (3) 益金不算入額 　　(□円 － □円) × □％ ＝ □円

Ⅲ．納付すべき法人税額

摘　要	金　額	計　算　過　程
所　得　金　額	円	□円 未満の端数切り捨て
法　人　税　額		(1) 年800万円以下の所得金額に対する税額 　　□円 × □/12 ＝ □円 (2) 年800万円を超える所得金額に対する税額 　　(□円 － □円 × □/12) 　　× □％ ＝ □円 (3) 税額計　(1) ＋ (2) ＝ □円
差引法人税額		
法人税額計		
控　除　税　額		□円 未満の端数切り捨て
差引所得に対する税額		
中間申告分の法人税額		
納付すべき法人税額		

第15章　所得税の計算

　本テキストではこれまで簿記初級程度の学習をしてきましたが，その学習の範囲は会計処理が比較的簡単な個人企業の計算を中心としてきました。また簿記中級程度では株式会社会計が学習の範囲となり，その分，個人企業の会計処理に比べて複雑になります。このように簿記初級程度の学習が前提とする個人企業と中級程度が前提とする法人企業の間に会計処理の差が認められるように，税金計算にも違いが現れてきます。具体的にいうと個人企業は所得税法によって納税額を計算しますが，法人企業は法人税法によって納税額を計算するということになります。そこで本章では，個人企業における納税額計算の一巡の流れについて学習することにします。まず第1節では所得税の概要と10種類の所得や14種類の所得控除について触れますが，それらの詳しい内容については改めて第2節・第3節で学習しましょう。

第1節　所得税の概要

1．納税義務者
　わが国所得税法における納税義務者は，**居住者**と**非居住者**になります。居住者とは日本国内に住所または居所を有する者を言いますが，これに対して非居住者は日本国内に住所を有しない，または現在までに引き続き1年以上居所を有しない者を言います。さらに居住者は**一般の居住者**と**非永住者**に分類されます。前者は国内に住所を有するか，または現在まで引き続いて1年以上居所を有する個人のうち永住する者を言います。後者は国内に永住する意思がないこと，かつ居所や住所を有したとしても現在まで引き続いて5年以下となる個人を指します。一般の居住者の課税所得の範囲は，国内外で生じた全ての所得となり，納税方法は申告納税または源泉徴収によります。したがって個人企業の経営者が継続して事業を行う場合，一般の居住者に該当し，所得税を納める義務が生じるのです。

2．青色申告とその特典
　法人成りしていない個人企業は，所得税法に基づいて納税額を計算します。その際，納税者が所定の帳簿書類を備え付け，全ての取引を**正規の簿記の原則**に従って記録し，これに基づいて貸借対照表および損益計算書を作成し，申告書に添付すれば，**青色申告者**として数々の課税上の特典を享受することができます。納税者に帳簿を備え付けさせ，財務諸表を作成させることで課税側に生じる利点とは，納税者に不正処理を起こさせないようにする目的があります。完璧に租税回避を防止するためには納税者の数だけ税務署職員を増やせば良いのですが，徴税コストを考えると現実的ではありません。そのため次善の策として財務諸表を作成させる代わりに，青色申告による特典を

「ご褒美」として納税者に与えることで，不正の防止と徴税コストをバランスさせているのです。このような仕組みがあって，個人企業においても簿記を行おうとする動機付けがなされます。

所得税法では事業所得・不動産所得・山林所得を生ずる青色申告者に対して，主に次に掲げる特典を認めています。なお，事業所得などの各所得については後で詳しく解説します。

①一括評価貸金に対する貸倒引当金・返品調整引当金の設定
②減価償却資産の耐用年数の短縮・特別償却
③純損失の繰越控除
④更正の制限と理由の付記
⑤**青色専従者給与**の必要経費化
⑥65万円と10万円の**青色申告特別控除**
⑦棚卸資産の低価法による評価
⑧小規模事業所得と不動産所得における現金の収入・支出による課税所得の算定
⑨家事関連費の一部必要経費化

居住者が青色申告の承認を受けようとすれば，原則としてその年の3月15日までに納税地の所轄税務署長に青色申告の承認申請書を提出しなければなりません。

3．所得の種類，収入と必要経費

わが国の所得税法では所得が，利子所得・配当所得・不動産所得・事業所得・給与所得・退職所得・山林所得・譲渡所得・一時所得・雑所得の10種類に分類され，いかなる経済的利益も択一的に所得分類を行い，税額が計算されます。つぎの図表のとおり，利子所得を除いてそれぞれの所得には収入と必要経費があり，その差額が所得となります。

所得の種類		収入金額	必要経費
利子所得		預貯金・公社債等の利子等	―
配当所得		株式又は出資の配当等	借入金利子
不動産所得		地代・家賃等	必要経費
事業所得		事業による収入	必要経費
給与所得		俸給，給料等	給与所得控除・特定支出控除
退職所得		退職金，一時恩給等	退職所得控除
山林所得		5年経過後の山林伐採・譲渡収入	必要経費・特別控除
譲渡所得	土地建物	土地等の譲渡収入	譲渡物件の取得費等
	株式等	株式等の譲渡収入	株式等の取得費等
	その他	上記資産以外の譲渡収入	譲渡物件の取得費等と特別控除
一時所得		法人からの贈与・ギャンブル収入等の収入	収入を得るために支出した費用と特別控除
雑所得		公的年金等の収入	必要経費と公的年金等控除額

上記の所得のうち不動産所得・事業所得・山林所得・雑所得の計算では，売上や減価償却費，人件費などを計上します。そしてこれら4つの所得の収入金額は，それぞれにその年において収入す

べきことが確定した金額となります。また必要経費とは収入から控除される金額であり，家事関連費を含みません。必要経費は減価償却費や引当金などを除いて，その年において債務の確定した金額に限られます（**債務確定主義**）。なお，資本等取引に関する収入と支出は，所得計算上の収入金額と必要経費に含まれません。

4．所得控除

所得計算を行う際，たとえば事業主自身やその家族にかかった医療費や，事業主が生命保険に加入した場合の保険料，小規模企業共済等掛金控除のように事業主の退職金の積み立て額が，どの所得の必要経費になるのかという問題が生じます。納税者に一つの所得しか生じない場合はその所得を獲得するために医療費や保険料が発生したと考えれば良いので対応関係は簡単な話です。しかし，たとえば雑貨屋を営む店主（事業所得）が保有する上場株式から配当を得て（配当所得），またアパート経営をしているので家賃収入があり（不動産所得），時々は別会社で仕事をしてきてお給金をもらい（給与所得），骨董品収集を趣味としていて壺や掛け軸の他，ゴルフ会員権が高値で売れたり（譲渡所得），競馬をすれば万馬券が当たり（一時所得），趣味の天体観測に関する原稿を雑誌に投稿して印税をもらった（雑所得）場合，これらの経済活動を支えた医療費や保険料，退職金の掛金は，どの所得の必要経費になるのか問題が生じます。さらに子供の多寡によって納税者の生活費負担が変わってきます。このように納税者の個人的事情による**担税力の相違**を**総合課税**の計算において適正化させる必要があります。

わが国所得税法に規定する所得控除は，雑損控除・医療費控除・社会保険料控除・小規模企業共済等掛金控除・生命保険料控除・地震保険料控除・寄付金控除・障害者控除・寡婦（寡夫）控除・勤労学生控除・配偶者控除・配偶者特別控除・扶養控除・基礎控除が挙げられますが，これらは課税標準のうち総所得金額から控除します。したがって配当・不動産・事業・給与・譲渡（総合）・一時・雑の各所得をひとまとめにした総所得金額全体に対して，医療費や雑損などの所得控除を必要経費とみなすと考えます。なお本章では，個人企業の簡単な所得税額計算をする目的から，所得控除のうち一部のものについて後段で解説します。

5．損益通算と総合課税，分離課税

各所得金額の算出方法は上記3．において解説しました。そこでは，配当・不動産・事業・給与・譲渡（総合）・一時・雑の各所得に損失が発生していないという前提でした。しかしながら利子所得と退職所得を除いた8つの所得には損失が発生する可能性があります。そこで不動産所得・事業所得・山林所得・譲渡所得（総合）において損失が発生した場合，**経常所得**（配当所得・不動産所得・事業所得・給与所得・雑所得の合計）からそれらの損失を控除することが可能です。このように一部の所得の損失を他の所得が吸収する仕組みを**損益通算**と言います。ただし，配当・給与・一時・雑所得に生じた損失は損益通算できません。このように損益通算を通じて算定された総所得金額から所得控除を差し引き，**課税総所得金額**とします。課税総所得金額が算定されれば下の税額速算表によって税額が算定されます。なお，平成25年度税制改正によって，課税所得4,000万円超に

課税総所得金額	税率(%)	控除額
1,950,000円以下	5	－　　円
1,950,000円超　3,300,000円以下	10	97,500 円
3,300,000円超　6,950,000円以下	20	427,500 円
6,950,000円超　9,000,000円以下	23	636,000 円
9,000,000円超　18,000,000円以下	33	1,536,000 円
18,000,000円超	40	2,796,000 円

ついて45％の税率が創設される予定です。

　他方，総合課税とならない所得の税額計算をみてみましょう。利子所得・配当所得の一部・退職所得・山林所得・譲渡所得（分離）・雑所得のうち一定の条件を満たした公的年金による所得は，上記の総合課税とは別に税額が算定されます。**分離課税**となる所得に対しては，定率課税が適用されるもの（利子所得・配当所得・株式の譲渡所得），所得金額の多寡によって上記税額速算表を用いるもの（退職所得・山林所得）や保有年数によって税率が決定するもの（不動産売却による譲渡所得）に区分されます。

　なお，所得税は原則として暦年課税の原則を取っていますが，他方で数年に渡る所得を平準化する要請のため例外的に諸規定が設けられており，この代表的な規定が損失の繰越控除です。損失の繰越控除には，純損失の繰越控除・雑損失の繰越控除・その他の繰越控除があります。

　純損失の金額とは，損益通算をしてもなお控除しきれない部分の金額を言い，過年度（その年の前年以前3年内の各年）に発生したこの純損失の金額を一定の順序で控除します。雑損失の金額とは，雑損失の金額のうち，雑損控除をしてもなお控除しきれない部分の金額を言い（後述の雑損控除参照），雑損失の繰越控除とは，過年度（その年の前年以前3年内の各年）に発生したこの雑損失の金額を，総所得金額から控除するものです。

6．税額控除と源泉徴収税額

　税額控除には**配当控除**・住宅借入金等特別税額控除・外国税額控除などがありますが，ここでは配当控除について説明しておきます。企業より受け取る配当は配当所得として課税されますが，その支払い側の企業では一度法人税が課税された後の留保利益を源泉として配当しています。したがって，これを配当所得として課税すると**二重課税**となるため，ここで一定額を税額控除として控除します。ただし，確定申告不要制度を選択した場合は配当控除の対象となりません。なお，控除額は，「課税総所得金額等」（課税総所得金額・課税短期譲渡所得金額・課税長期譲渡所得金額・株式等に係わる課税譲渡所得等の金額・先物取引に係わる課税雑所得等の金額の合計額）が1,000万円以下の場合で10％となり，1,000万円を超える場合で5％の控除率となります。

　また**源泉徴収制度**により，受け取る給与や報酬から所得税が強制的に天引され，いわば所得税が前払いされています。この徴収された所得税を源泉徴収税額と言いますが，この金額は納付すべき所得税から差し引きます。

7．所得税の計算期間と予定納税

　所得の計算期間は1月1日から12月31日までの**暦年基準**に基づきます。また所得税の納税を円滑かつ確実に行うために，予定納税という前払制度があります。予定納税基準額および予定納税額の通知は税務署長から書面により6月15日までになされます。予定納税では前年の所得金額を基にその3分の1ずつを7月と11月に納税します。したがって確定申告で決定する納付税額は，申告納税額から予定納税額を差し引いた残額となります。

8．個人所得課税の特殊性

　企業会計においては受取利息や受取配当は営業外収益となり，経常利益を構成します。つまり，企業会計では商品の売上も受取利息や配当も利益としてひとまとめにする考え方がありますが，個人企業の税金計算，つまり所得税法では受取利息は利子所得となり，受取配当は配当所得と分類され，別々に税額が計算されます。

　また物品販売業を営んでいて売上が発生すれば事業所得の収入額となります。そして事業の用に供した償却資産を売却した場合，企業会計や法人課税計算では固定資産売却益（損）として，当期純利益や法人所得に含めてしまいますが，個人企業の税額計算では譲渡所得（総合）として認識します。これと同じく，法人が保有する有価証券を売却した場合，有価証券売却益として営業外損益に計上し，法人課税では法人所得を構成しますが，個人企業では納税者の譲渡所得とします。

　この他，個人企業の性質上，非業務用資産を業務用に転用する場合が考えられますが，この場合の償却費の計算方法は所得税法においてのみ規定されており，法人税法規定には存在しません。

第2節　所得の計算

　前節「3．所得の種類，収入と必要経費」と「4．所得控除」ではそれぞれの内容について概要を解説しました。そこで本節ではそれらについて少し詳しくみてゆきます。本章では個人企業の所得税計算について学習しますが，とりわけ不動産・事業・山林の各所得の計算では，本書第11章までに学んだ簿記や会計の知識が必要となります。また配当・給与・退職・譲渡・一時・雑の各所得は本節後段でまとめて解説することにします。

1．不動産所得

（1）不動産所得の概要と計算式

　不動産所得とは不動産や不動産の上に存する権利の貸し付け，船舶（20t以上）または航空機の貸付による所得を言います。通常船舶や航空機は動産と考えられますが，これらの所有権が移転する場合に登記が必要となる点や，抵当権が設定され，強制執行時には不動産手続きが必要となることから，税法上はこれらを不動産として扱います。

$$不動産所得＝（総収入金額－必要経費）－青色申告特別控除　[65万円]$$

（2）不動産所得の収入金額

不動産所得の収入金額金額には次のものが含まれます。

①契約などによってその支払期日が定められている家賃や地代などの未収金額

②不動産貸付による権利金，更新料などのうち，返還を要しない額

③不動産貸付による敷金や保証金のうち，返還を要しない額

④広告宣伝用看板の設置料

例えば食事付きのアパートや下宿などの家賃収入は不動産所得ではなく，事業所得か雑所得に分類されます。食事付きのアパート賃貸業は，単なる不動産の賃貸を超えて食材を仕入れて食事を提供することが事業とみなされるため，不動産所得になりません。しかしながらこの場合，食事付きのアパートの賃貸業は，雑所得に分類される可能性も出てきます。つまり，食事付きのアパート賃貸業が事業であると認められるためには，看板を出していたのかとか，電話帳に下宿業として電話番号を記載しているのかなどの事業のあり方が判定の基準になると思われます。逆に独立家屋においてその一室を賃貸し，食事を提供しているなどの場合や，その他に生計をたてる所得がある場合は，片手間に下宿業を営んでいるとみなされ，雑所得になるでしょう。同様に駐車場出入口に管理人を配置するなどのように保管責任のある駐車場の貸付収入は，単に駐車場を貸すことに加えて，管理（役務提供）を行っていると考え，事業所得となります。

また借地権等（建物または構築物の所有を目的とする権利金）で当該土地の時価の2分の1を超えて設定される権利金を取得した場合には不動産所得となりません。なぜなら時価の半分を超えると貸し付けというより実質的に譲渡したと考えるからです。

この他，夏期のみ設置されるバンガローの貸付収入などは不動産所得に含まれません。さらに広告宣伝用看板の設置料は不動産収入となりますが，たとえば物品販売業用店舗内に設けられた広告板に広告用の張り紙（ビラ）を掲示させることで収入が生じた場合は事業収入となります。

（3）不動産所得の収入金額から差し引かれるもの（必要経費）

不動産所得の収入金額から差し引かれるものには，①貸付業務に関する固定資産税，②修繕料，③減価償却費，④保険料，⑤確定債務の未払分，⑥仲介手数料，⑦借入金の利子などが含まれます。しかしながら借入金の利子であれば全てが必要経費になるとは限りません。不動産所得に損失が生じている状況下では，土地購入に係る借入利子分は，損益通算ができません。

また地代についてですが，たとえば妻名義の土地にアパートを建設し，それを賃貸した場合に，妻に支払う地代は必要経費になりません。事業所得の専従者給与でもふれますが，同一生計親族への給与など支払対価は原則必要経費になりません。

ところで不動産所得で青色事業専従者給与が必要経費として認められるには，アパート賃貸業が事業的規模で行われている必要があります。その目安として独立家屋では5棟以上，また貸間やアパートでは独立室数が10室以上ある場合に事業的規模とし，それに満たない場合を業務的規模としています。また不動産所得しか無い場合に青色申告特別控除が適用されるか否かの判定も，原則的には**5棟10室**を超える場合に限り認められます。

2．事業所得

（1）事業所得の概要と計算式

次の事業から生じる所得を事業所得と言います。

①農業 ②林業及び狩猟業 ③漁業及び水産養殖業 ④鉱業（土砂採取業を含む） ⑤建設業 ⑥製造業 ⑦卸売業及び小売業（飲食店業及び料理店業を含む） ⑧金融業及び保険業 ⑨不動産業 ⑩運輸通信業 ⑪医療保険業，著述業そのほかのサービス業 ⑫上記のもののほか対価を得て継続的に行う事業

継続的に不動産を売買したり，土地を取得し宅地造成を行い，これを分譲する場合などは，事業所得に分類されます。これらの所得は，単に不動産の貸し付けを行い家賃収入を得るだけの不動産所得と区別されます。また継続的に不動産などを売買した場合でも，事業に至らない場合は雑所得となります。事業所得の計算式はつぎのとおりとなります。

$$事業所得＝（総収入金額－必要経費）－青色申告特別控除［65万円］$$

（2）事業所得の収入金額

事業所得の収入金額金額には次のものが含まれます。

①売上高（原則**引渡基準**）

　自家消費と**贈与**は取得原価と販売価額の70％のうち，いずれか多い方の金額を当期売上高に計上します。また低額譲渡についても譲渡価額と販売価額の70％を売上高とします。

②商品などの盗難などの損害について受ける保険金，損害賠償金など

③作業屑や空箱などの売却代金，仕入割引，リベート，事業主が従業員に寄宿舎を提供する場合の使用料，事業に関連して取引先や使用人に対して貸付けた貸付金の利子。なお仕入割戻を収入として認識する時期は，通知を受けた日となります。

④事業用の資産の購入に伴って景品として受け取る金品

⑤新聞販売店における折り込み広告収入や浴場などにおける広告掲示による収入

⑥事業用の固定資産税に係る全納報償金

⑦受贈益，各種引当金や準備金の戻入額

（3）事業所得の収入金額から差し引かれるもの（必要経費）

事業所得の収入金額から差し引かれるものには次のものが含まれます。

①棚卸資産の評価損と商品の火災などによる損失など

　青色申告者が所轄税務署長に届出を行い認められると棚卸資産の評価方法で低価法を用いることができますが，評価方法の届出がない場合は**最終仕入原価法**が法定評価方法となります。また商品が火災などによって失われた場合の火災損失は必要経費となります。これは商品が保険対象となる損害保険契約を締結していた場合に支払われる保険金が，事業所得の収入を構成することに対応しています。このほか商品購入契約を締結した後，自己都合でその商品購入契約の一部または全部を解除した場合の違約金も必要経費となります。

②減価償却費など

　10万円未満の**少額減価償却資産**（中小企業者への30万円未満の少額減価償却資産の規定も含む）や20万円未満の一括償却資産の扱い，中古資産の購入による耐用年数の算定については法人税法規定に準拠します。また法人税法における法定償却方法は一部のものを除いて固定資産は定率法ですが，所得税法における法定償却方法は一部のものを除き定額法となります。なお償却方法を変更する場合，新たな方法を採用する年の3月15日までに所轄税務署長へ変更承認申請を行う必要があります。また倉庫など固定資産が火災などによって損失を被った場合，資産損失を認識します。その金額測定は，被災資産の未償却額から当期の減価償却費と保険金受取額を差し引いて算出されます。

③繰延資産の償却

　税法上の繰延資産は①会社法に規定する繰延資産と②税法独自に規定する繰延資産によって構成されます。後者はたとえば，商店街振興会の決定によって設置されるアーケードや同会の会館改良費負担金などです。これらは法定耐用年数が定められていても，税法上は5年で償却します。ただし，支出額が20万円未満である場合，償却の規定にかかわらず，その支出事業年に全額が必要経費とすることができます。

④**貸倒損失**と**貸倒引当金**

　貸倒損失の金額は，当該損失の生じた日の属する年分の所得の計算上，必要経費となります。また貸倒引当金は，個別評価貸金等と一括評価貸金に分けて、その年分の必要経費になります。後者に関する必要経費の算入限度割合は，一括評価貸金に対して1,000分の55となっていますが，金融業では1,000分の33となります。

⑤青色事業専従者給与

　青色事業専従者とは，その年の12月31日の現況で15歳以上の親族（配偶者含む）のうち青色申告者と**生計を一**にする者で，専らその居住者の営む事業に従事する者を言います。青色事業専従者は控除対象配偶者や扶養親族にはなれません。また学校教育法1条ほかに規定する生徒，ほかに職業を有する者，老衰そのほかの心身の障害を有する者も青色専従者から除かれます。青色事業専従者給与の支給に際しては，原則同一生計親族への給与支払いを必要経費に認めないため，「青色専従者給与に関する届出書」を所轄税務署長へ提出することを必要としています。青色事業専従者給与の額については，その労務の性質や事業に従事した期間，ほかの従業員や同業他社の支給状況などから相当と認められる部分に限り必要経費に算入できます。

⑥水道光熱費や損害保険料などの一般管理費

　店舗併用住宅などのように，個人事業主の自宅と事業所が同一となる場合，水道代や電気代は自宅経費（**家事関連費**）部分と事業用経費部分に区別し，後者を必要経費とします。このような場合，事業所得を正確に計算するために自宅と店の面積比や使用頻度など合理的基準によって必要経費を按分します。また店舗を保険目的とする損害保険料のうち積立てを除いた部分については，必要経費となります。このほか必要経費に関する注意点としてはつぎのとおりです。①火災が生じた場合の後片づけ費用は必要経費に含まれます。②販売促進のために得意先を接

待したことによる支出も，費用の支出があることと，その支出が専ら事業のために必要である場合は必要経費となります。③借り入れを行って車両などの事業用資産を購入する場合，支払利息が発生しますが，この金額は当該固定資産の取得費に含めることはせず，事業所得算定上の必要経費となります。④租税公課や配達中の交通違反による罰科金（ばっかきん）は，法人税法規定同様，必要経費になりません。

3．山林所得

　山林所得は，山林の伐採または譲渡による所得を言い，立木のまま譲渡した場合も含まれます。また，山林をその取得の日以後5年以内に伐採したり，譲渡したことによる所得は山林所得に含まれず，事業所得または雑所得となります。山林所得の計算式はつぎのとおりとなります。

　　　山林所得＝（総収入金額－必要経費）－**特別控除額**［50万円］－青色申告特別控除［10万円］

　山林所得の計算上，必要経費とは植林費，山林の購入費，管理費，伐採費やその他その山林の育成または譲渡に要した費用を言い，特別控除額は50万円です。山林所得は，苗木の植林から始まって販売できるようになるまでに長い期間を要し，かつその譲渡に際しては一時に所得が生じるので分離課税で，いわゆる「**五分五乗方式**」によって課税されます。この方式は，その所得金額を五分の一に分割し，その分割後の所得に税率をかけて税額を求め，5倍するため累進課税とはならず軽課となります。また山林を土地とともに譲渡した場合，山林部分については山林所得，土地部分については譲渡所得として分けることで軽課となり，優遇されています。

4．利子・配当・給与・退職・譲渡・一時・雑の各所得

（1）利子所得

　利子所得とは，金銭貸借による利息のうち，①公社債の利子，②預貯金の利子，③合同運用信託による収益の分配，④公社債投資信託による収益の分配，⑤公募公社債等運用信託による収益の分配を言います。支払いを受ける利子等には15％の所得税の他，居住者には5％の住民税が源泉徴収され，課税関係が終了します。

（2）配当所得

　配当所得とは，公益法人等および人格のない社団等を除く法人から分配される財産や利益のうち，①法人から受ける剰余金の配当，②利益の配当，③剰余金の分配，④基金利息，⑤公社債投資信託と公募公社債等運用投資信託以外の投資信託による収益の分配，⑥特定目的信託による収益の分配を言います。なお，配当所得の収入金額から，元本を取得するための負債の利子を控除することができますが，この金額は，株式等の配当所得を生み出すものを取得するためにかかる利子のうち，当該年中に実際に株式等を所有していた期間を加味して算定します。

（3）給与所得

　給与所得には，雇用者が被雇用者から労働の対価として給付される給与・賞与のみならず，原則として被雇用者からの様々な給付（現物支給給与など）も含みます。給与所得の金額は，源泉徴収

前の収入金額から**給与所得控除額**を差し引いて算定します。なお，支給されるもののうち，職務に伴う旅費，勤務先までの通勤手当，学資金，子女教育費等のうち一定のものは非課税とされます。

（4）退職所得

退職所得は，退職手当，一時恩給，その他の退職，離職により一時に受ける給与およびこれらの性質を有する給与を言います。退職所得は退職後，長年の奉職に対して雇用主から支給される一時的な収入であり，それまでの勤務に対する報酬的性格を有します。そして退職所得は老後の生活資金となるため，分離課税・多額の**退職所得控除・半額課税**といった軽課措置を講じています。なお通常の退職の場合，退職所得控除は次の算式で求められます。

勤続年数が20年以下の場合：勤続年数×40万円（最低額は2年以下で80万円）
勤続年数が20年超の場合　　：800万円＋70万円×（勤続年数－20年）

また勤続年数に1年未満の端数が生じるときには1年としますが，退職所得者が退職手当等の支払者のもとにおいて一時勤務しなかった期間があれば，その期間は原則として差し引かれます。

（5）譲渡所得

譲渡所得の本質は**キャピタルゲイン**であり，資産が保有者の手を離れるのを機会に，その保有期間中の増加益を精算して課税しようとするものですが，金銭債権などは譲渡所得の起因となる資産からは除かれます。その理由として金銭債権の譲渡により発生する譲渡損益は金利に相当すると考えられることから譲渡所得とはされずに事業所得または雑所得とされます。また無償の贈与であっても相手によっては贈与時の時価を譲渡の対価として受け取ったものとして所得税が課せられることがあります。

譲渡所得は原則として総合課税によりますが，長期のキャピタルゲインが一時に実現するため，超過累進税率によって高額な課税を招いてしまいます。そこで緩和措置として長期譲渡所得（総合長期）については，総合課税ではあるものの半額課税を行います。また総合短期，総合長期の順で譲渡益を限度として50万円を控除します。

総合課税・分離課税共に譲渡所得では，譲渡資産の所有期間が5年以下のものが「短期」，5年超のものが「長期」に区分されます。また所有期間の算定において所有期間の起算日は原則としてその取得日によりますが，譲渡日は，譲渡を行う年の1月1日を基準日とします。なお，土地建物等の譲渡については短期か長期かで税率が変わり，前者には30％の税率が，後者には15％の税率が適用されます。

有価証券の譲渡の場合，10％（所得税7％＋住民税3％）が課税され，源泉徴収か申告を行う分離課税ですが，有価証券でもゴルフ会員権等については総合短期又は総合長期で課税されます。なお，総合課税の譲渡所得・分離課税の譲渡所得・株式売却による譲渡所得のそれぞれにおいて，それらの所得計算内で譲渡損が発生した場合，その譲渡損失を譲渡益と通算する内部通算が可能です。

生活に通常必要な家具・衣服・時価30万円以下の貴金属や骨董等によって発生した譲渡益は非課税とされ，逆に譲渡損が出た場合はその譲渡損はないものとみなされます。この規定は，譲渡資産が少額である場合に対応した税務執行上の要請であり，また国民感情を考慮したものでもあります。

なお，生活に通常必要でない資産につき，災害・盗難・横領による損失が生じた場合に，直前の取得費相当額を基礎として計算した一定の金額を，**内部通算**後の譲渡所得の金額より控除することが可能です。

　譲渡所得の必要経費は取得費と譲渡費用によって構成されます。取得経費は，その資産の取得に要した金額ならびに設備費および改良費の合計額を言いますが，他方で減価償却を加味します。また実際の取得費が不明などの場合に，譲渡による収入金額の5％を取得費とすることもできます。また，有価証券の取得費については銘柄ごとに総平均法に準じて単価計算した金額を基本とします。譲渡費用は，譲渡に直接要した費用であり，例えば①譲渡の為に直接支出した仲介手数料，運搬費，登記もしくは登録費用等，②譲渡の為に借家人を立ち退かせる場合の立退料，③土地を譲渡するためにその土地の上にある建物等を取壊した場合における当該建物等の資産損失相当額および取壊しに要した費用が挙げられます。なお，譲渡資産の修繕費，固定資産税などは譲渡時の直接支出とは考えられず，譲渡費用とはなりません。

（6）一時所得

　一時所得は①労働の対価性がないという意味で給与所得や退職所得と区別されますし，②営利を目的とした継続的行為によらないという意味で不動産所得や事業所得，山林所得と区別されます。また③資産譲渡の対価性がないという意味では譲渡所得と区別されます。具体的には懸賞金や競馬の払戻金，生命保険契約による一時金などが該当し，50万円の**特別控除**と**半額課税**の措置があります。

（7）雑所得

　雑所得には，利子・配当・不動産・事業・給与・退職・山林・譲渡・一時の9種類の所得分類にみられる統一的な基準や積極的な定義はなく，これら9つの所得に分類されない余事象が雑所得を構成します。雑所得の収入金額の具体的例として，次のものが挙げられます。①事業規模にない動産の貸付けによる所得，②特許権など工業所有権の使用料による収入，③講演料や原稿料，④事業規模にない金銭貸付けによる受取利息・還付加算金，⑤有価証券の先物取引による所得，⑥政治献金収入，⑦転職に伴い受け取るスカウト料で通常の転居費用を超過する金額，⑧保有期間が5年以下の山林の伐採や譲渡による所得，⑨国民年金・厚生年金・恩給といった公的年金支給額などです。なお，公的年金には①社会保険制度や共済組合制度に基づく年金，②恩給や過去の勤務に基づき支給される年金，③適格退職年金契約などに基づき支給される退職年金が含まれます。雑所得の収入金額から差し引かれる必要経費は，不動産・事業・山林所得の計算に準じます。また公的年金支給額に対しては公的年金控除額が必要経費となります。

第3節　主な所得控除

(1) 医療費控除

居住者が，自己または自己と生計を一にする配偶者やそのほかの親族にかかる医療費を支払った場合，その年中に支払った医療費の合計額の一定額を，所得金額から控除する制度が**医療費控除**です。医療費控除の算定方法はつぎのとおりです。

医療費控除＝（支払った医療費の合計－保険金等で補填される金額）－（合計所得金額の5％と10万円のいずれか少ない金額）

(2) 社会保険料控除

国が運営する国民年金は，現在保険料を納めている者が年金受給者を支えており，加入が義務付けられています。国民年金は物価変動にかかわらず，将来にわたって貨幣の実質価値を保証すると言われています。この国民年金の支払額は個人所得税の計算において社会保険料と呼ばれ，控除の対象となります。居住者が，自己または自己と生計を一にする配偶者，そのほかの親族が負担すべき社会保険料を支払った場合，その支払った金額を所得金額から控除します。

(3) 生命保険料控除

一般的に生命保険とは，人の死亡や一定年齢までの生存を保険事故とした保険契約を指し，その後に保険事故が生じたとき，保険会社が予め契約した保険金を支払うしくみです。また個人年金保険（公的年金の不足を補う目的で個人で私的年金に加入する保険）や介護医療保険も**生命保険料控除**の対象となります。これらの保険料の控除額の算定式は表の通りとなります。

新制度適用の場合		旧制度適用の場合	
1年間の正味払込保険料	控除額計算式	1年間の正味払込保険料	控除額計算式
20,000円以下	全額控除	25,000円以下	全額控除
20,001円から40,000円まで	（払込保険料×1/2）＋10,000円	25,001円から50,000円まで	（払込保険料×1/2）＋12,500円
40,001円から80,000円まで	（払込保険料×1/4）＋20,000円	50,001円から100,000円まで	（払込保険料×1/4）＋25,500円
80,000円以上	一律40,000円	100,001円以上	一律50,000円

(4) 地震保険料控除

平成19年分以降の所得計算において，**地震保険料控除**が導入されました。この控除は，生活用動産や居住用家屋を保険目的とする保険で，かつ地震等による損害に基因して保険金等が支払われる保険契約の保険料について，5万円を上限として所得金額から控除するものです。

(5) 寄付金控除

居住者がその年中において特定寄付金を支出した場合，次の算式によって算定された**寄付金控除額**を所得金額から控除します。

$$\left\{\begin{array}{l} ① \ 支出した寄附金 \\ ② \ 課税標準の合計額 \times \dfrac{40}{100} \end{array}\right\} のいずれか少ない額 -2,000円$$

(6) 障害者控除

障害者とは，心神喪失の常況にある者または児童相談所などの判定による精神薄弱者，失明者その他の精神または身体に障害がある者，常に就床を要し，複雑な介護を受ける者などを言います。納税者やその**控除対象配偶者**または**扶養親族**が障害者である場合，その納税者の総所得金額等から**障害者控除**として27万円が控除されます。また特別障害者とは，障害者のうち精神または身体に重度の障害がある者を言い，40万円が控除されます。さらに納税者と同居の**特別障害者**には75万円の控除となります。

(7) 配偶者控除と扶養控除

配偶者控除については，控除対象配偶者に対して，38万円をその居住者の所得金額から控除します。控除対象配偶者とは，居住者の配偶者でその居住者と**生計を一**にするもののうち合計所得金額が38万円以下のものを指します。なお，①他の者の**扶養親族**とされる者，②青色事業専従者で青色申告者から給与を受ける者，③白色事業専従者に該当する者は**控除対象配偶者**に該当しません。またその年の12月31日現在で70歳以上の控除対象配偶者は**老人控除対象配偶者**となり，48万円の控除となります。

扶養控除は，同一生計親族の個人的事情（同居しているか否か，障害の有無）や年齢によって控除額が異なります。控除額は一人38万円が基準になりますが，16歳以上19歳未満，19歳以上23歳未満（**特定扶養親族**），そして70歳以上（老人扶養親族）でそれぞれ38万円，63万円，そして48万円の控除になります。なお，0歳以上16歳未満は扶養控除の対象となりません。また老人扶養親族でも同居している場合の控除は58万円となります。

同居老親等とは，老人扶養親族のうち，居住者またはその配偶者のいずれかとの同居を常況としており，かつそのいずれかの直系尊属であるものを言います。なお，「**生計を一にする**」と「**同居**」は別概念であり，生計を一にしていても同居しない事例もあります。また同一生計の扶養親族が**青色事業専従者**となる場合は扶養控除の対象外になります。ただし，青色事業専従者の届出をしていても，給料をもらっていない場合は扶養親族となります。

(8) 基礎控除

わが国憲法第25条では健康で文化的な最低限の生活を保障しています。そしてその最低限の生活を維持するための所得に対して課税しない制度が**基礎控除**です。基礎控除は憲法の性格上，全ての納税者に適用されます。

練習問題

次の資料により，物品販売業を営む甲（52歳）の平成26年分の課税総所得金額に対する税額を同人に最も有利になるように計算しなさい。

＜資料1＞

損 益 計 算 書

自平成26年1月1日　至平成26年12月31日　　（単位：円）

科　　　　目	金　　額	科　　　　目	金　　額
年初商品棚卸高	946,700	当年商品売上高	89,337,500
当年商品仕入高	53,924,500	年末商品棚卸高	1,778,400
営　業　費	27,966,600	雑　収　入	9,931,200
青色専従者給与	4,000,000		
当　年　利　益	14,209,300		
	101,047,100		101,047,100

付 記 事 項

(1) 甲は，青色申告書の提出の承認を受けており，また，開業時よりすべての取引を正規の簿記の原則にしたがって記録し，これに基づいて貸借対照表及び損益計算書を作成している。
　　なお，棚卸資産の評価方法及び減価償却資産の償却方法についての届出は行っていない。
(2) 甲が家事のために消費した商品（仕入価額235,000円，通常の販売価額400,000円）については，当年商品売上高に何ら計上されていない。
(3) 損益計算書の年末商品棚卸高は，最終仕入原価法に基づく原価法により評価した金額である。
(4) 雑収入の内訳は次のとおりである。
　　① アパートの貸付収入　　　　　　　　　　　　　　　　　　　　　　　8,165,200円
　　　このアパートの家賃は，その月分はその月の末日に支払いを受けることになっている。
　　　平成26年12月分のうち86,000円は未収のため雑収入に含めていないが，平成27年1月分のうち64,000円は本年12月に受け取り，雑収入に含めている。
　　② 上記①のアパート貸付時に受け取った敷金（預り金）　　　　　　　　380,000円
　　③ 仕入商品のリベートとして受け取った金額　　　　　　　　　　　　　38,000円
　　④ 甲が趣味で出版した書籍にいて受け取った印税　　　　　　　　　　　68,000円
　　　この原稿料は事業に関連したものでなく，源泉所得控除前の金額である。
　　⑤ 所有する株式について受け取った配当金　　　　　　　　　　　　　　340,000円
　　　この配当金は上場株式等に係るものではなく，源泉所得税20％控除後の金額である。
　　⑥ 遺失物を拾得したことで受け取った報労金　　　　　　　　　　　　　940,000円

(5) 営業費の内訳は次のとおりである。
　① 所得税納付額　　　　　　　　　1,018,700円
　② 住民税納付額　　　　　　　　　867,000円
　③ 物品販売業に係る事業税納付額　476,000円
　④ アパートに係る固定資産税　　　803,000円（付記事項(4)の①②参照）
　⑤ アパートに係る経費　　　　　　2,306,200円（付記事項(4)の①②参照）
　⑥ 物品販売業に係る営業費　　　　22,495,700円

(6) 平成26年7月1日に車両を取得し、ただちに事業の用に供しているが、この車両についての減価償却費の計算は行っておらず、上記の(5)の⑥の物品販売業の営業費には含まれていない。なお、車両以外の物品販売業に係る減価償却資産の減価償却費は適正に計算され、上記(5)の⑤の経費又は(5)の⑥の営業費に含まれている。

　　車両の取得価額　　2,700,000円
　　耐用年数　5年（耐用年数5年の償却率は、定額法0.200，200％定率法0.400）

(7) 青色専従者給与は物品販売業に従事している長女に対して支払ったものである。
　　これは青色事業専従者に関する届出書に記載した金額の範囲内であり、労務の対価として相当額である。

<資料2>
(1) 甲は、実父が平成26年6月15日から14日間入院したことによる治療費を支払っている。
　　この治療費につき総所得金額から控除される金額を適法に計算したところ93,260円であった。

(2) 甲が、平成26年中に支払った保険料は次のとおりである。
　① 国民健康保険料，国民年金保険料及び介護保険料　　987,200円
　② 新契約に係る一般生命保険料　　　　　　　　　　97,200円
　③ 新契約に係る個人年金保険料　　　　　　　　　　66,000円
　④ 居住している家屋及び生活用動産に対する地震保険料　54,000円

(3) 平成26年末日現在、甲と生計を一にし、かつ、同居している親族は次のとおりである。
　　妻　　　52歳　　無職（無収入）
　　長　女　27歳　　青色事業専従者
　　長　男　25歳　　会社員（給与所得の金額が2,378,400円ある。）
　　次　男　21歳　　大学生（無収入・一般の障害者）
　　実　父　84歳　　無職（無収入）

<資料3> 所得税の速算表

課税総所得金額		税　率	控　除　額
1,950,000円以下		5%	──円
1,950,000円超	3,300,000円以下	10%	97,500円
3,300,000円超	6,950,000円以下	20%	427,500円
6,950,000円超	9,000,000円以下	23%	636,000円
9,000,000円超	18,000,000円以下	33%	1,536,000円
18,000,000円超		40%	2,796,000円

解答欄

1．各種所得の金額及び総所得金額の計算

区　分	金　額	計　算　過　程
（　）所得	①　　　円	円 ÷（1－ 0.　　）＝　　　円
不動産所得	②　　　円	（1）総収入金額 　　　円 ＋　　　円 －　　　円 ＝　　　円 （2）必要経費 　　　円 ＋　　　円 ＝　　　円 （3）不動産所得の金額 　　　円 －　　　円 －　　　円 ＝　　　円
事業所得	③　　　円	（1）総収入金額　（注）家事消費高 　　　円 ＋　　　円 ＋　　　円 ＝　　　円 　　（注）家事消費高の計算 　　　　　円 ＜（　　　円 × 0.　　＝　　　円） 　　　∴　　　円 （2）必要経費 　㋐　売上原価 　　　　円 ＋　　　円 －　　　円 ＝　　　円 　㋑　営業費　　　　　（注）減価償却費 　　　　円 ＋　　　円 ＋　　　円 ＝　　　円 　　（注）減価償却費の計算 　　　　　円 × 0.　　× □/□ ＝　　　円 　㋒　青色専従者給与　　　　円 （3）事業所得の金額 　　　必要経費（㋐＋㋑＋㋒） 　　　　円 －　　　円 ＝　　　円
（　）所得	④　　　円	円 －　　　円 ＝　　　円
（　）所得	⑤　　　円	
総所得金額	⑥　　　円	①＋②＋③＋④×　――　＋⑤＝　　　円

— 174 —

2．所得控除額，課税総所得金額及び課税総所得金額に対する税額の計算

区　　分	金　　額	計　算　過　程
（　　）控除	⑦　　　円	
社会保険料控除	⑧　　　円	
生命保険料控除	⑨　　　円	㋐　一般生命保険料の限度額 　　　支払額が　　　円　を超えるため　　　円 ㋑　個人年金保険料の限度額 　　　　　　円 × $\frac{1}{4}$ ＋ 20,000円 ＝　　　円 ㋒　控除額 　　㋐ ＋ ㋑ ＝　　　円
地震保険料控除	⑩　　　円	支払額が　　　円を超えるため　　　円
障害者控除	⑪　　　円	
配偶者控除	⑫　　　円	
扶　養　控　除	⑬　　　円	円 ＋ 　　　円 ＝ 　　　円
基　礎　控　除	⑭　　　円	
所得控除合計	⑮　　　円	⑦ ＋ ⑧ ＋ ⑨ ＋ ⑩ ＋ ⑪ ＋ ⑫ ＋ ⑬ ＋ ⑭ ＝ 　　　円
課税総所得金額	⑯　　　円	⑥ － ⑮ ＝ 　　　円 → 　　　円　（1,000円未満切捨て）
課税総所得金額に対する税額	⑰　　　円	⑯ × 　　　％ － 　　　円 ＝ 　　　円

＜所得税法能力検定試験　3級　改題＞

索　引

(ア行)

洗替　51
洗替法　51
青色事業専従者　170
青色申告者　158
青色申告制度　144
青色申告特別控除　159, 162, 164
青色専従者給与　159
青伝　137
赤伝　137
一勘定制　26
一時的な処理　22
1伝票制　136
一部現金取引　137
一部振替取引　137
一般の居住者　158
医療費控除　169
受取手形　54
受取手形記入帳　62
受取人　25
裏書譲渡　58
売上　119
売上原価　38
売上総利益　38
売上伝票　138
売上値引　48
売上戻り　48
売上割引　49
売上割戻　48
売掛金　45
英米式決算法　17

(カ行)

買掛金　45
会計係　28
開始記入　17
係印欄　137
貸方　9
家事関連費　165
貸倒損失　50
貸倒引当金繰入　50
貸倒引当金戻入　51
課税総所得金額　160
借方　9
借方残高　20
借越限度額　25
為替手形　54
勘定科目（欄）　8, 130
期首商品棚卸高　38
基礎控除　170
記帳印欄　137
起票　136
寄付金控除　170
期末商品棚卸高　39
キャピタルゲイン　167
給与所得控除　167
居住者　158
銀行勘定調整表　32
銀行預金勘定　24
金融手形　54
繰越記入　17
繰越試算表　17, 113
繰越試算表作成　102
繰延収益　104
繰延費用　105
黒伝　137
経過勘定科目　105
経常所得　160
決算業務　102
決算仕訳　110
決算整理仕訳　110
決算手続き　102
決算振替　110
決算振替仕訳　110
決算本手続き　102
決算予備手続き　102

月末補給制　29
現金過不足勘定　22
現金勘定　20
現金支払帳　21
現金収入帳　21
現金出納帳　21
源泉徴収　80
源泉徴収制度　161
合計残高試算表　13, 102
合計試算表　13, 102
合計転記　130, 139
控除対象配偶者　170
小切手を振り出す　25
誤記入　32
小口現金　28
小口現金係　28
小口現金勘定　28
小口現金出納帳　28, 31
5伝票制　136, 138
5棟10室　163
五分五乗方式　166
個別転記　130, 139
混合勘定　26

(サ行)

最終仕入原価法　164
債務確定基準　150
債務確定主義　160
財務諸表　102
差額補充法　51
雑益勘定　22
雑損勘定　22
残高式　130
残高試算表　13
残高証明書残高　32
3伝票制　136
仕入　119
仕入先元帳　46
仕入伝票　138

― 177 ―

仕入値引 48	随時補給制度 28	当座預金出納帳 27
仕入戻し 48	正規の簿記の原則 158	統制勘定 46
仕入割引 49	生計を一 165, 170	得意先元帳 46
仕入割戻 49	精算表 14	特殊仕訳帳（制） 129, 130
自家消費 164	生命保険料控除 169	特定扶養親族 170
時間外預入 32	総勘定元帳 12, 129	特別控除（額） 166, 168
自己受為替手形 58	総合課税 160	特別障害者 170
資産 8	贈与 164	特別欄 130
試算表 13, 102	損益通算 160	取引の二面性 10
地震保険料控除 169	損金経理 146	
実際残高 22	損金の額 146	（ナ行）
支店 119		内部利益 145
支払手形 54	（タ行）	内部通算 168
支払手形記入帳 62	貸借対照表等式 96	荷為替手形 61
支払手付金 67	貸借平均の原理 10	二勘定制 26
資本 8	退職所得控除 167	二重課税 150, 161
借用証書 66	他店商品券 71	二重仕訳 134
収益 8	多欄式現金出納帳 130	二重転記 134
収益の繰延 104	単一仕訳帳制 129	日常業務 102
収益の見越 104	担税力 160	入金伝票 137
集合勘定 15	帳簿残高 22	
収支主義 103	帳簿組織 129	（ハ行）
修正仕訳 32	帳簿組織の立案 129	配当控除 161, 170
出金伝票 137	帳簿の締切り 112	発生主義 150
主任印欄 137	通貨代用証券 20	半額課税 167, 168
主要簿 129	月初補給制 29	非永住者 158
（純）売上高 38	定額資金前渡法 28	非居住者 158
障害者控除 170	手形貸付金 60	引渡基準 164
少額減価償却資産 165	手形借入金 60	費用 8
償却原価法 79	手形の割引 59	費用の繰延 105
償却債権取立益 52	手形売却損 59	費用の見越 104
商業手形 54	手付金 67	評価勘定 88, 97
証憑 136	転記 12, 102	標準式 130
諸口欄 130	伝票 136	付記事項 102
諸預金勘定 24	伝票式会計 129	複合仕訳帳制 129, 130
仕訳 10, 102	当期（純）仕入高 38	負債 8
仕訳月計表 139	当座借越 26	付随費用 74, 77
仕訳集計表 139	当座借越勘定 26	普通仕訳帳 130
仕訳週計表 139	当座借越契約 25	扶養控除 170
仕訳帳 10, 129	当座勘定 26	扶養親族 170
仕訳日計表 139	当座預金 24	振替 15, 92, 97, 99
申告納税制度 144	当座預金勘定 25, 26	振り替え 82, 85, 98
人名勘定 45	当座預金勘定残高 32	振替仕訳 15

振替伝票　　137
分記法　　37
分離課税　　161
別表四　　146
補助記入帳　　129
補助簿　　21，129
補助元帳　　129
本店　　119

　　　　（マ行）

未記帳　　32
見越収益　　104
見越費用　　104
未取立小切手　　32
未取付小切手　　32
未払金　　32
未渡小切手　　32
元帳欄　　130

　　　　（ヤ行）

約束手形　　54
預金　　24

　　　　（ラ行）

暦年基準　　162
連絡未達　　32
老人控除対象配偶者　　170

編著者紹介（五十音順，※印は編者）

加藤　惠吉（かとう　けいきち）：第4章，第12章担当。
　弘前大学人文学部経済経営課程　教授
　＜主要業績＞
　「移転価格税制をめぐる最近の状況と動向」『人文社会論叢（社会科学篇）』第23号，pp.101-110.2010年.
　「無形資産情報の評価に関する一考察―財務情報と非財務情報を用いたモデルの検証―」『弘前大学経済研究』第33号，pp.78-85.2010年.
　「移転価格税制に対する市場の反応―無形資産への課税情報の分析を中心として―」『人文社会論叢（社会科学篇）』第26号，pp.73-87.2011年.

許　霽（きょ　さい）：第3章，第13章担当。
　福山大学経済学部　教授
　＜主要業績＞
　「中国における外国投資企業会計制度の変遷」『福山大学経済学論集』第34巻第1号，2009年4月.
　「中国における外国投資企業会計制度の現状と課題」『福山大学経済学論集』第35巻第1号，2010年4月.
　「中国進出企業における会計上の諸問題」『福山大学経済学論集』第36巻第2号，2011年10月.

櫻田　譲（さくらだ　じょう）：第7章，第14章，第15章担当。
　北海道大学大学院会計専門職大学院　准教授
　＜主要業績＞
　「みなし配当・みなし譲渡課税が資本剰余金配当に与える影響について」『第35回日税研究賞入選論文集』，pp.11-50. 2012年8月31日. http://eprints.lib.hokudai.ac.jp/dspace/handle/2115/50102
　「外国子会社利益の国内環流に関する税制改正と市場の反応」『租税資料館賞受賞論文集第二十回（二〇一一年）』上巻　公益財団法人租税資料館』，pp.233-258．2012年2月1日．（院生と共著）
　　http://eprints.lib.hokudai.ac.jp/dspace/handle/2115/47740
　「ストック・オプション判決に対する市場の反応」『第6回税に関する論文　入選論文集』財団法人　納税協会連合会，pp.53-94. 2010年11月30日．（大沼宏氏と共著）　http://eprints.lib.hokudai.ac.jp/dspace/handle/2115/44424
　『ベーシック税務会計＜企業課税編＞』創成社，2011年11月20日．（共編著）
　『ベーシック税務会計＜個人課税編＞』創成社，2011年10月20日．（共編著）

園　弘子※（その　ひろこ）：第1章，第11章担当。
　高知工科大学マネジメント学部　准教授
　＜主要業績＞
　「会計基準の国際的収斂」『台湾国立虎科技大学論壇』，2008年12月．
　『偶発事象会計の展開―引当金会計から非金融負債会計へ―』創成社，2007年4月．（共著）
　『農業ビジネス学校―自立する地域への七章』ニューヨークアート，2009年9月．（共著）

髙木　秀典（たかぎ　ひでのり）：第8章，第9章，第10章担当。
　札幌国際大学短期大学部　准教授
　＜主要業績＞
　「スウェーデンにおける財務報告の歴史」『欧州比較国際会計史論』同文舘出版，1997年5月．（共訳書）
　「連結会計用語のうち5つの語義を担当」『コンパクト連結会計用語辞典』税務経理協会，2007年3月．（共著）
　「金融商品への時価会計導入とその評価」『札幌国際大学紀要』第45号，2014年3月
　「税理士試験『今年の予想問題を分析する　財務諸表論』」『会計人コース』中央経済社，2014年6月（7月臨時号）

政田　孝（まさだ　たかし）：第5章，第6章担当。
　税理士　鳥取環境大学経営学部　非常勤講師・鳥取大学起業支援アドバイザー
　＜主要業績＞
　「株式等のキャピタル・ゲイン課税に関する研究」『広島経済大学安芸論叢』第2号，pp.33-56．1990年3月．
　『実習簿記・会計』清文社，2006年10月10日．（執筆協力）

矢野　沙織（やの　さおり）：第2章担当。
　西日本短期大学法学科　講師
　＜主要業績＞
　「19世紀の単式簿記理論における会計的認識・測定の構造――2重分類的複式による認識・測定と間接的方法による利益計算――」『佐賀大学経済論集』第45巻第5号，2013年3月，pp.85-106.
　「期末資本の2重計算構造の確立と複式簿記――Marshの1850年代の業績の比較を通して――」『日本簿記学会年報』第29号，2014年，pp.132-138.

基礎簿記会計

2011年4月20日	初版発行	
2012年3月25日	改訂版発行	
2013年3月25日	改訂版二刷発行	
2015年3月25日	三訂版発行	

著　者：加藤惠吉・許　霽・櫻田　譲・園　弘子
　　　　髙木秀典・政田　孝・矢野沙織
発行者：長谷雅春
発行所：株式会社五絃舎
　　　　〒173-0025
　　　　東京都板橋区熊野町46-7-402
　　　　TEL・FAX：03-3957-5587

組　版：Office Five Strings
印刷・製本：モリモト印刷
Printed in Japan ⓒ 2015
ISBN978-4-86434-048-9